足球

功夫秘笈

捷足式踢球腳法創始人
蘇明池——著

推薦序

　　曾擔任前台南市足球隊的主將和教練，捷足式踢球腳法創始人，外號射門小霸王的蘇明池先生即將出版「足球功夫秘笈」，分享他多年的運動訓練與教學心得，熱愛足球的他，希望這些珍貴的技術和理念能夠傳承下去，讓有興趣或有緣的人能夠參考應用，進而發揚光大，提升國內的技術水準，培養出國際的足球天王巨星。

　　全書共有九章，包括捷足式正腳背強力射門、基礎盤球腳法、假動作盤球腳法、盤射合一、盤吊合一、變向短傳三奇招、接控球、捷足式腳內側低平地面球腳法和全速控推等章節，介紹許多重要的足球技巧或理念，像「捷足式踢球腳法」是由李小龍的「截拳道」和李惠堂的「狗洞練習法」得到靈感，而將實用、簡單和迅速的精髓加以應用，連結在足球的踢球腳法，是很有創意的技術與訓練法。

　　「知己知彼，百戰百勝」，比較台灣和外國足球選手的優缺點，思考什麼策略能夠快速提升足球水準，因此作者提出「最大進步空間」的訓練理念，考量台灣選手的體型與體力較為不足，需要特別強調射門訓練，培養優良的射門技巧和實力，就較能掌

握機會射門得分,而掌握致勝關鍵,「足球訓練應該由射門出發」是這本書獨特的觀點。

「全速控推」是足球比賽中重要的技術,只有少數優秀選手能熟練這技巧,在得球之際迅速掌握控球權,並維持衝刺的動力,往最有利的方向持續進攻。作者建議國內足球要加強全速控推訓練,讓每位選手能夠具備這個基本技術,有關全速控推的使用時機、失敗類別、標準動作、訓練方法和補充説明等內容,於書中皆有具體説明和圖片示範。

「一圖勝千言」,在書中的各章節中,作者親自示範,應用大量而系列的圖片來説明足球技巧或練習方法,並將不同的動作連結,一氣呵成,讓讀者更容易了解各種動作的正確姿勢或腳法,而在練習中掌握訣竅,學習到足球的技巧與妙招。這是圖解多於説明的一本書,在書中看到作者優美的動作,也感受到他對足球的熱愛與期許。

我樂於推薦這本書,也希望這本書能夠提升國內足球水準和國內民眾對足球的熱忱。

台灣師大體育系名譽教授

前台灣師大運動與休閒學院院長　方進隆

推薦序 II

　　足球，是全世界最普及的運動之一，現代足球運動經過一百多年的發展，已逐漸從單純的競技項目轉化為各國在地的重要運動文化。

　　在 20 世紀上半期，足球風靡的情況還僅止於歐洲及南美洲國家，隨著足球運動的吸引力和電視媒體普及的推波助瀾，足球已成為運動場域中的最大產業，影響深遠，越來越多不分大小、強弱的國家，紛紛加入了世界足球運動的大家庭。截至 2018 年 11 月底止，國際足球總會（International Federation of Association Football，簡稱 FIFA）的會員國共有 212 個國家，相較於聯合國目前 193 個會員國，全球足球參與盛況及影像力，可見一般。

　　近幾年，足球運動在臺灣日益受到國人矚目，除了每四年一次的世界盃足球賽之外，每每只要國家隊出賽，都會聚集大批球迷為選手們加油吶喊；除此之外，在假日也越來越多小朋友會參加地區足球俱樂部的活動，這都顯示臺灣足球的風氣正逐漸興盛。

　　體育署也於 2017 年提出「足球六年計畫報告,企望建構出良好的足球發展體系,使臺灣足球人才與動能源源不絕。

　　然要培養具有國際競爭力的足球人才需要長達 20 年以上的養成時間,建造優質足球文化需要 30 年或是更長時間的累積。

　　與教育改革一樣,所有人都需要有更大的耐心,藉由慢慢地投資與等待,台灣的足球運動幼苗才有可能在未來 10 年打造更穩固的基礎,再由更年輕的下一世代接手壯碩發展起來。

　　其中,臺灣足球運動推展,最為欠缺即為基層人員教師及教練培養與教材媒體的開發,而想要促進台灣足球運動風氣的真正盛行,單靠政府公部門的力量是很難達成的,透過與商業資源的對接,從更多元的角度促進運動風氣的發展,是現今國際的趨勢。

　　爾來,收到蘇明池先生贈閱其自費拍攝的「捷足式踢球腳法」,對於其已逾 60 歲耳順之齡,仍對足球技術精進抱持執著與投入的熱誠,甚感佩服。

　　明池先生畢業於台南二中,在學期間即醉心足球,受其兄影響,因緣際會加入南友足球隊,一直擔任前鋒位置,對射門有獨到之處,常以射門王自豪。

　　高中畢業後進入第一銀行服務,職涯途中轉作生意,仍未忘情足球,先後於台南－東光國小,成功國小,勝利國小,新豐高中等

學校，義務從事學校足球助理教練兼顧問多年，亦為臺南雷虎足球會創始會長。

誠如其影片中所述，臺灣足球員往往缺乏臨門一腳，在關鍵時刻的掌握度不高，影響國際賽事成績。

他希望藉由此足球教學影片，使足球選手在練習射門時能達到：球質大幅提昇，力道與準度均能提升；動作簡潔，完成速度快；姿式與腳法調整後能進步神速，可謂用心。

本人就讀臺南勝利國小時，自4年級起即參加足球校隊，因代表國家以致甄審進入臺灣師大就讀，就讀大學期間亦曾一起與明池先生奔馳於足球場上，對於其射門技巧運用與時間掌握印象深刻。

近來，有幸擔任體育署「足球六年計畫」撰述召集人，檢視臺灣，發現自民國65年起至目前為止，由教育部或中華民國足球協會出版之足球教材僅有4本，顯示有關足球相關教學與訓練教材相當缺乏，影響足球運動推廣普及與技術發展提升甚鉅，故規劃專業的教學訓練教材乃至關重要之關鍵。

因此，期待有更多像明池先生一樣的專業足球迷，提供個人專業與創意，臺灣的「足球沙漠」現象才可能會有變成綠洲的一天。

國立臺灣師範大學體育學系教授 程瑞福

2018/12/9

李小龍與截拳道

前武術巨擘，世界武打巨星李小龍生前自創「截拳道」馳名於世。

「截拳道」強調：

實用、簡單、迅速，一切動作以實用勝利為目標。

動作精簡指兩點之間最短距離「一直線」，李小龍認為格鬥中不該浪費多餘時間與動作，不論運用任何動作技巧皆能以「兩點之間最短距離進行」完成最直接攻擊。（節錄自維基百科「截拳道」係李小龍一生練武心血的結晶。）

捷足式踢球腳法

　　足球員與捷足式踢球腳法，前述武術重點與本書所提倡的多項足球基本腳法神髓相通，理念相符。

　　故特命名「捷足式踢球腳法」取其音義皆相合，精簡、迅速又實用。

　　任何足球員若能深入瞭解此腳法的真義，認真練習，融會貫通，必定能夠體能技術大幅精進而有機會成為熠熠發亮的國際巨星！

　　「捷足式踢球腳法」乃是足球員技術精進的第一把鑰匙！

球王李惠堂狗洞練習法

　　1912年6歲的李惠堂被父母送往家鄉梅州（今梅州市五華縣）錫坑鄉接受基礎教育，並在該地自學足球球技，閒來在其祖屋「聯慶樓」附近的禾坪赤足練球，更以門旁側的狗洞練習射門。（轉引自維基百科）

　　球王李惠堂射門能如此強勁精準，並且長期獨步足壇揚威國際，必定有其緣故。故本書將仿造此練習法，並且述說其練習特點。

吾人若能按圖索驥，掌握要領，體驗精髓，現代的「狗洞練習法」面壁修練必有大成！

狗洞練習法的優點：

1. 狗洞練習法能將目標大小鎖定，進而提高精準度。並且在沿著地面練習的設計中，必須將射門的目標高度設定在離地 10 公分以內對足球的射門來説皆為最高標準。

2. 球欲擊中狗洞，擊中牆壁時的高度，必定不能高於 45 公分。（非指飛行中的高度）若能長期練習，低平球將能夠相當精準。

3. 練習射門時以狗洞中心為最佳，以離地面 10 公分做為射門規範。
由於踢球射門途中，尚須顧慮足球草地給予足球射門時的摩擦力因而距離地面 10 公分的踢射，恰好能脱離草的阻礙，進行順利、強勁且精準的射門。

4. 由於係對著牆壁練習不用撿球，不用找人接球，不但方便度增加了，實際練習的份量不知不覺中亦增加了數倍之多！當然會進步神速！

5. 在實際比賽當中，視狀況之需要將「狗洞」虛設納入而能很自

然的踢中目標「狗洞」，也就是欲傳球時則想像傳球標的處有一「狗洞」，就像平常練習一般準確的傳向該「狗洞」即可！欲射門時則想像守門員的兩旁皆有「狗洞」。守門員及門柱之間有一假想「狗洞」自然的射向該「狗洞」即可！

現代的「狗洞練習法」

不須在牆壁上挖設「狗洞」，只要在牆壁上畫設「狗洞」即可。建議尺寸：自地面起，高 55 公分，寬 45 公分（略呈直立方長方形狀似「狗洞」）。

實際練習方法：

1. 由短距離五米開始練習，踢向設定的目標（狗洞練習框）。

2. 每球皆須擊中「狗洞」並且左右腳輪番出腳，不可停球再踢，左腳踢一個，右腳再踢一個，持續不斷的練習，球自牆壁回彈後，立馬直接再踢，不間斷，由此來控制每一球的準確度與力道，（每踢一球均得控制力道大小，當踢重或踢輕時，皆無法連續踢球，如遇失控時，必須全速恢復練習，不得在練習半途中斷或者得到多餘的喘息機會）體能與技術必須同時成長精

進，在最喘、最累的時刻仍能維持高技術、高準度於不墜！

3. 熟練之後，可以自行斟酌拉長距離，而上述控制力道且不停球的練習，當可拉長至 12 米左右，練習方式同上。

（以上係指腳內側、外側等各種低平球練習）

4. 距離增長到 16.5 米以後，須全力踢球，（包括腳內側低平球及正腳背強力射門）球勢強勁，以致無法連續踢時，須順勢對強力回彈的球做為接控球練習，連續動作訓練即（接控球＋盤射合一）球彈回來（接控球＋盤射合一）左右兩腳輪番練習接控立即加上盤射合一。其間若有失控時，須全速追撿回來，不可間斷練習！訓練之份量及品質乃能兼顧！

影片教學網址連結：

https://www.youtube.com/watch?v=41-CajZzACQ&feature=youtu.be

Foreword
作者序 II

「捷足式踢球腳法」的誕生演進過程

作者本人於 2008 年暑假初期，承蒙台南縣新豐高中足球總教練：我的南友足球隊足球前輩－張政吉先生應允，投入參與該球隊的訓練；擔任教練，「你能夠來幫忙，我絕對歡迎！」政吉兄這麼說：「蘇教練的射門非常好，我希望你們要好好的學習」，他正式的把我介紹，並且把球隊的訓練交給了我！約莫一個半鐘頭後，下課時間之前，總教練鳴哨集合訓話；政吉兄當著全體隊員面前，攬著我的肩膀，「這是我的兄弟！」，他很滿意的說道！

當時新豐高中足球隊，係由體育班足球專長的學生組成，每個年級約 16 名，三個年級共 48 名，由於有高一新生參加暑期集訓（他們有可能三年之間受教於我），於是我決定認真努力的傳授「正腳背強力射門」，以免絕技失傳！這是我一生中第一次把「正腳背強力射門」列為基本動作，來進行教導、訓練學生！！

我每天不厭其煩的反覆講解又講解；示範又示範，針對學生的

每一次踢球不斷的、很有耐心的,提醒其錯誤之所在;無奈總是感覺教學成果未臻理想;每天下午都有一個練習橋段,由我本人立於18碼正中央,逐一餵球供給隊員們逐一傳球、趨前,調整步伐作第一時間的射門練習;如此一來,每一個射球,都完全在我的面前進行,我能夠就近立刻的給予簡捷又正確的講評與提點!!就這樣日復一日,這段期間,我在最近的距離,直接觀察了無數的「正腳背」射門鏡頭;不知不覺中這些一個個、一幕幕的射門鏡頭,烙印在我的腦中:有一天,回到家,打開電視,正在播映歐洲國家盃足球賽,猛然間,起腳射門了,那錯誤的動作經由我的眼簾,直接射到腦海裡面,竟然與我隊員們的錯誤動作,完全吻合。就像是同一個模子刻出來的!奇怪了,這些國際一流的球星竟然會和台灣南部鄉間的高中球員,犯著相同的基本動作方面的錯誤!

該次賽事的電視轉播製作甚為精良;每有射門鏡頭必定立刻重播三次,且必有一次是由球門正後方高處拍得的清晰,正面鏡頭:本人乃得以有更清楚、更詳準的分析、研究!

這是極重大的發現,對於射球品質極端要求的作者而言!當時歸納出下列三大共同缺點(包括我的學生們以及所有在電視上出現的世界各國明星球員)

缺點一:身體僵硬致無法順暢前進,只靠一隻腳的力量猛踢,

沒把助跑力量送出！

缺點二：踢球腳沒有筆直送往目標，形成斜線切角，這樣的踢法，會造成力量流失且準確性不高！

缺點三：基準腳踩在球的後側方，即身體未達到球的正上方，亦可稱為太早出腳，致踢球時身體向後仰，大部分就踢成高飛球！

這段期間我提出了四大調整，改正重點：

重點一：輕鬆、自然、順利往前，支撐腳著點正確。

重點二：踢中球後，踢球腳持續向目標運送。

重點三：身體亦持續向目標前進。

重點四：踢球腳之著地點，需位於目標線上。

更進一步的，我找來了專業攝影師，來拍攝清晰又角度良好的射門鏡頭，以便能夠更清楚的分辨出何為不正確？何為正確？

最主要的示範者邀請了當時甫自英超波爾頓隊練習回國的「林家聖」先生，他在小學時代與筆者曾有師生之緣。在此數月之前，我曾單獨的教導於他，當時感覺他似已學會了，射得不錯了；那知道一開始錄影，他已把我上次傳授的正確腳法忘個精光，所錄下來的竟成了錯誤的示範！他一定是工作太繁忙，完全沒有練習所致，於是我在一旁努力的持續的解說。提醒，試圖喚起他的記憶；大約經過短短幾分鐘以後，他竟然可以當場改正過來，後來錄影到的鏡

頭就成了該影帶的優良示範動作！

影帶完成一段時間以後，有一天我把所有拍錄到的資料再度詳細的省視；赫然發現，示範者踢球時拉弓甚大，向後又向上強力拉弓，然後依靠著超級強健的踢球肌肉群，強力盡力的向下，向前猛拉，用來踢中球體，表面上看來似乎不錯；因為這時候他的動作，已經有調到正面了，拉弓是正的，踢出去也是正的，踢中球後身體也能繼續前進，踢球腳也能落在目標線附近，但是整體感覺就是不夠輕鬆、順暢，全部的力道並未完全釋放出去！

這時候，我猛然發現我先前的教學太粗糙了，竟然沒有把學生們錯誤的先置動作，先調整過來，而一昧的要求得到優良的結果！這樣的話，當然是效果不彰啊！我必須衷心感謝他們認真的學習態度，並且付諸行動，讓我有機會找到了更精確有效的教學方法，尤其是林家聖先生的熱心幫忙！

嗣後我又陸續發現，不僅是「正腳背強力射門」適用此練習腳法，包括「腳內側地面球腳法」、「高吊球腳法」也都可以透過踢球先置動作的調整，得到很大的改善與精進！由於此腳法動作精簡、速度快、威力強大，自成一格，特命名為「捷足式踢球腳法」。

願與全體足壇人士共勉！

捷足式踢球腳法創始人　蘇明池

作者序Ⅲ

「功夫祕笈」與「幸福足球」

本書取名「足球功夫祕笈」、「功夫」二字意指學成之後必可擁有超乎他人的,更加高級的,更為精密的「足球技術」,「足球功夫」;進一步能夠使得往後的足球生涯,變成為「幸福的足球生涯」。

一位技術平庸的選手,在遇到旗鼓相當的對手時,往往容易充斥著緊張的情緒,於是乎產生失誤,捉襟見肘,左支右絀,演出大為走樣;於是乎惱羞成怒,無法保持冷靜,犯規頻頻,根本無法享受到比賽的樂趣!

一個技術高超的選手,不論遇到的對手有多強,必定能夠始終保持冷靜的頭腦,堅定的意志,以最積極的態度去進行嚴密又穩健的防守,並且絕對不會犯規,堅壁清野、穩住陣腳之餘,偕同隊友伺機反攻,所學所長如能順利發揮,則必定勝利在望;至少能在激烈的爭戰當中,汲取更多經驗,進一步磨練各方面的技術應用;深

切體會臨場中的各樣變化；把激烈的比賽當成訓練的一環。在比賽中印證自己的各項技術，並能取得最大的成長，賽後並能夠與隊友們真切的檢討，去蕪存菁，戰績必可蒸蒸日上！「幸福足球」永遠屬於你！

　　小時候觀看武俠小說，其劇情不外乎：有某一位資質聰穎少年人，無意中撿到一本「武功祕笈」不消鑽研多久，便成為武功高強的正義使者，云云，並且立下了許多不世之功，享譽武林，等等……

　　現在「幸福」的事情發生了，很輕易的你已取得了這本「祕笈」，它並不會讓你不勞而獲的變成足球高手，而是提供了許多新的創見，許多前所未聞的更有效率的訓練祕方，針對自己的缺點來進行訓練；針對比賽所必須用到的高級技術來進行訓練，在高效率的日常訓練當中，迅速的累積足球的專用體能，與「人球合一」的特殊爆發力，短期內即可突破各種「技術瓶頸」，進入更為優質的嶄新的高技術境界！！這樣的訓練本身就是太幸福了！！

　　如果是一位足球教練的話，那就更為「幸福」了！只要能夠深入瞭解本「祕笈」所述的訓練內涵，體會「足球功夫」的精髓，讓你旗下的選手能夠在比賽中，地面球爭搶占盡優勢，跑位積極，傳球準確，接控球美妙，射門動作迅速有效，球質強勁精準富殺傷力……

17

一支長期處於落後的球隊，（例如我國代表隊），如果只著眼於向國外取經，則你的訓練內容頂多與該外國接近或類似而已，無法有迎頭趕上的機會，是可預見的。

　　根據長期的觀察，現今全世界共通的訓練教材，只能訓練出一般平庸的足球技術，那些少數的頂尖高手，少部分是天賦異稟的天才球員，大部分是靠著自己豐富的想像力，在大量的激烈的比賽爭戰中，根根據實際需要逐漸磨練出比較能克敵致勝的一招半式而已，其他更多數的人苦練了無效或錯誤的招式，而不自知的所在多有……

　　本「祕笈」已經制定出了簡單、明瞭、正確、實用的各種招式與訓練方法，在短期內即可取得最大的進步空間，並且各樣單項動作練成之後，均可以互相聯結，活用於比賽當中。例如：盤射合一、盤傳合一，盤吊合一等等，詳如內文所述，視戰況須要巧妙而完美的加以發揮運用，讓一向艱苦的激烈球賽，變成為一種享受，一種優良技術的發揮，各樣嶄新創意的呈現「幸福足球」於焉而生！就連一向不離不棄的足球迷們，也將一掃陰霾，笑顏逐開，成為了「幸福球迷」！

　　是所至盼！！

　　　　　　　　　　捷足式踢球腳法創始人　蘇明池

推廣正統射門美技 振興台灣足球非夢事

一九六六年世界盃足球賽在英格蘭舉行，地主國榮獲冠軍。當時並沒有電視衛星轉播，倒是有人製作成電影大大的賣座。台南市的圓環邊高立著電影廣告，上面寫著「世界盃足球大賽」、「黑豹大戰黑珍珠」，世界球王「黑珍珠」比利與葡萄牙「黑豹」尤西比奧兩人展露出又黑又亮的皮膚，與令人稱羨的踢球英姿，縱橫展現在美麗的畫布上。

當時我們台南市中三年戊班，在班長陳正沛、副班長王華隆的英明領導之下，集體收錢、購票，並相約於某一星期六下午前往王子戲院觀賞，全班五十三人全員到齊，滿足又刺激的享受「世界盃足球盛宴」，唯一的美中不足就是黑豹並沒有大戰黑珍珠，因為該屆賽事，巴西隊與葡萄牙隊根本就從未碰頭呀！

尤西比奧在八強戰中一鳴驚人，球隊於上半場落後北韓三球，他個人在下半場大發神威，接連射入四球，反敗為勝！而且他四

球全部是以「正腳背強力射門腳法」在二十碼開外強力起腳射進去的！尤其是他射進的第三球是位於球門右側約四十五度角起右腳正腳背，直接迎射由左方傳來的高吊球，就在球體著地第一個向上彈跳之瞬間，「碰」一大聲，勢如奔雷的皮球飛出絕美弧線，向著射球者的右外側猛烈旋轉，迅速竄向第二根門柱，隨即鑽入網窩之內！

在當年，連「香蕉球」這個名詞都沒有，所有的優良射門者必定是以「正腳背強力射門腳法」來射門的！不祇是尤西比奧，就連比利也是此項優良射技的佼佼者，若非如此又怎能這般的為世人所尊崇，獲封為「世界球王」呢？

我國男子足球代表隊前任總教練羅智聰，在他少年時期代表台南市勝利國小參與足球比賽，當時的他身形嬌小玲瓏，有如「梅西」少年時的「小跳蚤」一般，動作靈敏身手矯健，更特別的是他甚為擅長「正腳背強力射門」，每一場比賽都能輕易射入三球以上，射入五球也是所在多有，並且清一色都是二十碼以外強勁的直接破網得分！無獨有偶，當年的木蘭女子足球隊隊長兼主將周台英女士，也身懷此項優質射門美技，使得我國木蘭隊戰無不勝，攻無不克，令對手聞風喪膽，為國家爭獲了至高的榮譽

本屆世界盃冠軍戰由法國對戰克羅埃西亞，一開始克隊先是烏

龍頂球，奉送 1 分，繼而在球門前誤犯手球，在球運不濟的情況下處於落後苦追的局面。然而克隊最讓人望之生畏的地方，卻是在於該隊向來愈挫愈勇、百折不撓、死纏爛打、奮戰到底的剽悍球風。僅領先一球對於法國隊絕對是不夠的，所幸法隊連續發揮長程火力，分別於十九碼、二十五碼處起腳長射，攻入了致勝的第三及第四球，最後乃能以四比二光榮獲勝！

近二、三十年以來經過長期努力的觀察，始終找不到一個擅長於「正腳背強力射門腳法」的球員，絕大部分的國際巨星幾乎完全放棄使用，偶而有人以此腳法施射，卻都是姿勢不正，容易射高、射偏，難有佳作！台灣欲振興足運即應大力推廣此項即將失傳的正統射門美技制定簡單、明瞭、正確實用的訓練方法，短期內即可獲得最大的進步空間，個人的射技提升了以後，再制定新的「射門規劃」建立新的射門共識」，在比賽中實用實效的加以發揮，要想超日克韓，力挫歐美強隊，麻雀變鳳凰指日可待！

（作者為捷足式踢球腳法創始人）

Contents
足球功夫祕笈 目 錄

（最能在得分範圍建立奇功）

Chapter 1
捷足式正腳背強力射門

　　本書所強調的「捷足式」係本人於近年來的足球教學當中觀察、領悟出來的，可說是一種前所未聞的創見！

　　「捷足式」只是要求你革除掉一些多餘的準備動作，戒除掉以後、向上拉弓的不必要的、錯誤的，違反運動原理的動作；使你的動作變得更簡單、更直接、更順暢，也更迅速而有力！

　　這些動作要領，微調完成之後，再行進入射球練習，必可進步神速！

Chapter 1
捷足式正腳背強力射門

標準分解動作如下：

1. 重心降低，助跑時要輕鬆而順暢，基準腳腳尖須超越

● 球體的前緣 0 ～ 5 公分。（圖 1）

● 並且基準腳定位於球旁約 10 ～ 15 公分。（圖 2）

● 踢球點設定在基準腳的腳後跟附近。（圖 3）

圖 1

包含眾多國際球星在內，最常見的幾個通病：

✖ 錯 誤 （一）

基準腳未能到達球的前緣，甚至連球的後緣都沒到達。

✖ 錯 誤 （二）

踢球腳向後又向上拉弓（自以為可加強力量）致使力量容易分散，減緩了出腳的速度，且較不易準確踢中球心。

2. 基準腳到位後，身體重心持續前進，踢球腳腳後跟順勢提起，腳尖自然會指向地面，而不要離開地面，此時用來踢球的正腳背將會自動的完全面向正前方，腳踝也會同時微微繃緊，完全不要向後或向上拉弓！

圖 2

　　也就是說，最後一步稍微拉大，大約 5 ～ 10 公分，基準腳定位後，利用身體的慣性前進，巧妙而順勢的自然形成拉弓！

圖 3

3. 以正腳背一直線向前擊球，同時腳尖亦沿著地面一直線前進。

踢球腳腳尖始終沿著地面前進，這樣才能快速又飽滿的以正腳背踢擊球心！

 錯 誤 （一）

踢球腳撇至外側，未能一直線向目標揮擊。

✕ 錯 誤 （二）

踢球腳未能著地於目標線上。

踢中球時，
身體的重心剛好到達球的正上方。

4. 身體的動能持續前進，正腳背完全踢中球心出腳時大腿與小腿
一起向前揮擊，並且一直線前進。

錯　誤

踢球時身體重心未能持續前進，踢球後形成身體後仰。

踢球時只揮動小腿，大腿揮動太少，膝蓋不能接近胸部。

5.　踢中球後踢球腳的正腳背必須持續向目標前進，身體也持續的
　　向目標前進，只有基準腳穩定的留在原地。

6. 踢球腳著地時，將落在球與目標的直線上面。

（此時因慣性，動能持續向前，踢球腳著地時基準腳的腳尖尚

留在原地）

7. 大腿與小腿同時揮動，身體前傾，踢球腳的膝蓋會接近胸部。

（此時力道已經釋放完畢，踢球腳輕鬆的著地在球與目標之間

的直線上，著地點與擊球點距離越大表示工作距離越大，球速
與力量將會更大，準確度也會更高。

正腳背強力射門
練習方法及要領

Part 1

第一步驟：揮空腿練習

（兩腳輪番練習，左腳一個右腳一個，兩腳同時進步）

澄清思慮，放空自己，輕鬆而順暢的進行揮空腿！

須注意

要領（一）

最後一步稍拉大（約拉大 5 ～ 10 公分），基準腳到定點固定
後身體持續前進；踢球腳後跟提起，腳尖指向地面，自然形成
完美的拉弓動作。

要領（二）

腳尖沿著地面一直線向目標揮腿（身體持續前進，大小腿同時用力揮動，膝蓋會接近胸部）。

要領（三）

踢球腳須著地在目標線上面。

上述（一）（二）（三）項要領，在練習當中要能夠自己隨時
審視、檢查，期能進入完美而順暢的揮腿！

如有隊友一同練習的話，也可以互相觀摩提點！

最重要的是避免練習姿勢錯誤，而不自知！

Part 2
第二步驟：有球練習（狗洞式練習法）

※ 於第一步驟「揮空腿」練妥了，自覺腳法順暢，要領正確了以後，方可進入第二步有球練習。

第 1 節：距離牆壁約 7～8 米（即事先畫設「狗洞」）

以五、六分力道進行練踢，每球皆須擊中「狗洞」並且左右腳輪番出腳，不可停球再踢，左腳踢一個，右腳再踢一個，持續不斷的練習，球自牆壁回彈後立馬直接再踢，毫不間斷（如遇踢壞而失控時，必須全速恢復練習不得在練習半途中斷，或者得到多餘的喘息機會！）

※ 體能與技術必須同時成長精進，在最喘最累的時刻，仍能維持高技術高準度於不墜！

※ 此節練習著重於正腳背踢球的整體球感培養。

第 2 節： 距離拉長至 12 ～ 13 米，加大一些力道進行練習，要領同前第 1 節。

第 3 節： 距離拉長至 16.5 米（即 18 碼），全力踢射，

助跑在 2 步以內，同時縮短準備時間，切勿停死球，自身後退數步，再前來踢球！（須完全革除此陋習）

控球在腳後，一起心動念，撥出球，完成射門，須在身體兩側 2 米之內完成，橫向出球角度不得超過前進 15° 猶如迅雷奔耳，一氣呵成！

由於全力施射球勢強勁，自牆壁回彈的球可用來練習「接控球」。（即將來球接控在身體兩側 2 米之內，橫向角度不超過前進 15°）

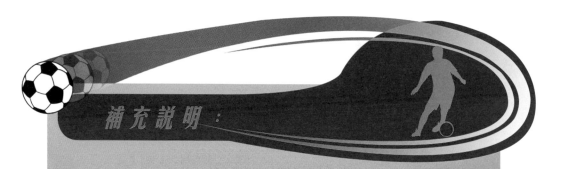

補充說明：

1. 初學者或者踢得很不準者，必須多練習揮空腿，以及第 1、2 節以培養球感及修正動作。

2. 熟練了以後，自然是以第 3 節 16.5 米甚至更長距離為練習主體，但最長不要超過 25 米。

3. 熟練了以後，就完全不要練踢靜止的球，要以搶奪射門空隙的心態撥出球、射球，整個連續動作，一貫的進行練習。每一球都有假想敵，在前進 15° 之內閃過假想敵，並且在橫向 2 米內完成射門！

4. 練會了盤球腳法以後，則以「盤射合一」方式進行練習。

射門的基本概念分析

一位優良射門者，為了對球隊的正面貢獻，

應該建立的良好的觀念與規範。

強勁又精準的射門將會獲得的結果如下：

結果 **1**：對方守門員全力撲救，但仍然完全無法觸及到球，直接入
門得分！

結果 **2**：對方守門員全力撲救，儘管有觸及到球，卻無法有效封阻，
球仍然間接入門得分！

結果 **3**：對方守門員全力撲救仍無法將球拍出底線（端線）只能將
球拍入界內，造成進攻方得以有發動第二波攻擊的機會！

（此時，空門已經近在咫尺，極易得分）

結果 **4**：對方守門員撲救，將球拍出底線，未能得分，但仍保有角
球進攻的機會！

（並未喪失控球權）持續進攻！

以上 4 種結果，由結果 1～結果 4，其射門效果雖然依序遞減，
但都可以統稱為「有效射門」項下，是值得加以鼓勵的！

以下所述則應歸類為「無效射門」，茲依其情節輕重試述如下：

情況 **1**：對方守門員倒地撲救，勉強救下，但無法立即發動反快攻；但已造成攻勢受挫喪失控球權。

情況 **2**：射太高，或射太偏；對方守門員完全不須防守，直接喪失控球權。

情況 **3**：射太高甚多或射太偏甚多幾乎等於替對方解圍，令全體隊友及球迷們，大失所望！

情況 **4**：射太正或球勢軟弱無力，被對方守門員輕易接球在手，得以直接發動反快攻！

情況 **5**：完全被防守者封鎖，在毫無空隙與角度之下，仍然盲目的亂射一通！

情況 **6**：距離太遠，即使全力施射也毫無威脅性，突發奇想起腳濫射，令支持者徒呼負負！

經由上述的結果 1～結果 4；情況 1～情況 6，詳細研究分析之後，如果能夠全體隊友取得正確的共識，大家標準一致目標一致；優良的加以褒揚，不好的虛心接受譴責，假以時日，球隊必然上下一心，戰績扶搖直上！

本腳法優點分析：

第一：球質大幅提升，即力道與準度均提升。

第二：動作簡捷，完成速度更快。

第三：姿勢、腳法調正之後進步神速。

初期目標：成為賽場上的優良射腳，遇有機會常能射門取分！

終極目標：球質超群，所向披靡，成為「射門王」！

本射門腳法大忌：

第一：切切不可在對手已經完整封鎖之下執意起腳施射；此種係屬嚴重的「濫射」不只是浪費了進攻的良機，自己踢傷自己的可能危險性甚大！

※ 德國名教練，有日本「現代足球」之父尊稱的克拉瑪先生於1969年間曾奉國際足球總會之派遣，前來台灣教球，曾經自述他本人年輕時有兩次起腳射門導致右腳脛骨嚴重受傷，只因為對方以腳底迎封於球體的上方，射球者自行全力揮腳形同以自己的脛骨全力的去踢對方的腳底！請切記他老人家的諄諄教誨！

　　克拉瑪教練本人的正腳背射門技術甚佳，具備一流的水準，並且教學認真每一球都親自示範，但為何他長期執教的德國、日本眾多足球名將當中竟無一人學會此等射門良技呢？

　　當年克拉瑪先生所教導的是「正腳背強力射門」差別在於「捷足式」這三個字。

　　當時克拉瑪教練一再的強調射球完成後的標準姿勢，即：

　　第一：身體動能持續前進。

　　第二：射球腳的膝蓋須接近胸部。

　　第三：射球腳的腳背繼續正對目標。

　　以上這些重點與本書的論述、理念，甚至踢球腳法係完全相同的！

　　本書所強調的「捷足式」係本人於近年來的足球教學當中觀察、領悟出來的，可說是一種前所未聞的創見！

　　「捷足式」只是要求你革除掉一些多餘的準備動作，戒除掉向後、向上拉弓的不必要的、錯誤的、違反運動原理的動作；使你的動作變得更簡單、更直接、更順暢，也更迅速而有力！

　　這些動作要領，微調完成之後，再行進入射球練習，必可進步神速！

建立正確優良並且有效的「射門慾」

練就了優質的「捷足式正腳背強力射門腳法」並且具備了完整的「射門基本概念」之後，努力的在比賽中加以運用，乃能夠逐漸的培養，進而建立正確、優良、有效的「射門慾」！為了讓學習者進一步的瞭解，特別對於前述「無效射門」情況１～情況６逐一解析：

情況１：對方守門員倒地撲救，勉強救下，但無法立即發動反快攻；但已造成功勢受挫喪失控球權。

原因分析：射門時機良好，射門空檔有取得，射門點已進入有效射程範圍其「射門慾」屬於正確！只可惜射門球質不夠凌厲，致功虧一簣！

情況２：射太高，或射太偏；對方守門員完全不須防守，直接喪失控球權。

原因分析：射門時機良好，射門空檔有取得，射門點有接近有效射程範圍「射門慾」尚佳，但是其射門腳法嚴重錯誤，必須好好調整才可！

情況 3：射太高甚多或射太偏甚多，幾乎等於替對方解圍，令全體隊友及球迷們大失所望！

原因分析：射門時機良好，射門空檔有取得，射門點有接近有效射程範圍「射門慾」尚正確，但是其射門腳法嚴重錯誤，完全沒有資格起腳施射！

情況 4：射太正或球勢軟弱無力，被對方守門員輕易接球在手，得以直接發動反快攻！

原因分析：射門時機良好，射門空檔有取得，射門點有接近有效射程範圍「射門慾」正確，但是射門球質太差，完全不具殺傷力，射門的腳法凌亂差勁！

※　以上四種情況均屬於「射門慾」正確，球隊也已經有著良好的攻勢，在艱難又激烈的球賽中很辛苦的製造出起腳的機會；只是因為射門技術不精，或踢球腳法錯誤，以致於浪費寶貴的得分良機，應得勝而未能取勝，甚至於種下敗因！

尤其是情況 4：

被對方守門員直接發動反快攻；當己方正全面出擊進行圍攻之時，全體前鋒及中場球員都壓上前場，特別是有隊友出腳射門時，至少有二、三名隊友會進行衝門的動作，正全速的衝向對方的球門前近六碼區，就在此時對方守門員輕易接球在手，並且迅速的持球跑到禁區邊緣發動反快攻，用手一甩或者大腳一踢，球已攻過半場，此時己方後防空虛，只剩下一層單薄的防衛，必定險象環生，我方的全體中場及前衛球員必須全速回防，全速的奔跑至少 50～60 碼以上，回到自己的中、後場參與防守以防有失；如此反覆發生的話，再好的體能也會被消耗殆盡的啊！體能過度迅速消耗的話當然表現也會大受影響！況且如此輕易的一而再再而三的浪費射門良機，在士氣方面也會大受影響，球員之間容易心浮氣躁，甚至有人大感不耐，互相指責，球隊氣勢由盛轉衰，最後抱憾以歸！

「捷足式正腳背強力射門腳法」正是唯一的良方，也正是唯一最優美最完美的射門腳法；只要能按照本書所述的練習方法按部就班細心體會，先把基本姿勢練對練正了，以後很快就能進入進步神速的階段，射門的球質大幅增強，準度大幅提高，在比賽中前述的四種無效射門的情況不復出現，代之而起的狀況是每射必進，令對手聞風喪膽！

情況 5：完全被防守者封鎖，在毫無空隙與角度之下，仍然盲目的亂射一通！

原因分析：射門時機不對，並未取得射門空檔，即使已進入射門範圍以內「射門慾」受到濫用，應屬於「射門慾」的錯誤！即使其射門球質有多好也沒有用，也只是徒然把進攻的機會浪費掉了！

情況 6：距離太遠，即使全力施射也毫無威脅性，突發奇想起腳濫射，令支持者徒呼負負！

原因分析：射門時機不對，雖然取得了起腳空檔，但由於距離太遠，並未進入射門範圍，其起腳射出的球，並不能視為射門，而只是把球踢去給對方守門員，練習接球而已！「射門慾」錯誤，把進攻的良機雙手奉送給對方而已！

以上兩種情況均屬於「射門慾」的錯誤，亦均屬於「濫射」之列，在比賽中攻擊方法受挫，感覺一籌莫展，較為心浮氣躁的球員，較容易發生，那是一種類似情緒發洩的行為，對於球隊的賽事毫無助益，甚且有害；這方面有賴於平時的心理建設，全體隊友取得正確的共識，俾能在比賽的緊張氣氛之中保持冷靜清明的心境，維持積極進取的正確態度，這樣才能夠讓辛苦訓練的技術充分發揮！

類似上述情況 5、情況 6，這種「濫射」如果能夠完全的根絕，球隊乃能延續更多、更綿密的攻勢，進一步取得應有的勝果！

關於射門的高度問題

每一位足球員必有的經驗,在攻門時射出「高射炮」並且因而懊悔不已!

其實這是正常的現象;你經常會感覺明明這球射得很好,很滿意但就是美中不足,只是太高了一點點,而致白忙一場。

球門橫柱雖有 2.44 米高度,但在與球場面積大小,以及射球距離、長度相比之下,卻相差甚多!

以下試以 18 碼、22 碼、25 碼三種長度來計算球門橫柱高度 244 公分,所形成的仰角。

● 從 18 碼到球門橫柱其仰角僅有 8.412 度

● 從 22 碼到球門橫柱其仰角僅有 6.89 度

● 從 25 碼到球門橫柱其仰角僅有 6.07 度

　　類此個位數仰角,甚至小數點;僅能運用精密的儀器,才能換算測量得知,而不是人類的肉體能夠鍛鍊出來的!

　　更何況在比賽中,由於氣氛緊張、壓力重大、體能消耗,各種內外在因素造成困難度增加,射球的高度更不易壓控下來!

　　平時練習射球仰角均在 5 度上下,好像效果不錯,射球大都落在橫柱之下尚可得分;唯在真正的比賽中若只偏差個 3～5 度,就很容易得到「高射炮」的結果了!

　　是故本秘笈主張練習時應一律以接近 0 度為規範,以離地 10 公分,「草上飛」為最高標準!練妥之後,一切難題迎刃而解!

Chapter 2
基礎盤球腳法
（捷足式三快招）

　　盤球時，方向錯誤及角度錯誤，係造成盤球失敗的二大主要原因。

　　盤球角度錯誤，大部分係其角度不足以閃避對手的搶奪攔截，而致失敗！

　　後退 $15°$ 係接近最高難度的練習角度，依此高精準的精密角度長期練習，乃能成為技術精良的盤球高手！

Chapter 2
基礎盤球腳法（捷足式三快招）

第一快招：腳外側盤球法
（全部退後 15° 進行練習）

A1 盤向右邊：

1. 以右腳盤球時，左腳即為支撐腳、基準腳兼發力腳。

2. 基準腳須來到球的左方約一個肩寬，並且與球體至少呈平行，膝蓋彎曲，重心降低，準備發力。

3. 以右腳外側朝向右後方後退 15° 的方向撥控球體，同時左腳發力向著右後方後退 15° 的方向全速彈跳。（必須人球合一同時發動）

4. 必須在 2 米之內追越球體，並且迅即進入以左腳外側盤球之模式。

B1 盤向左邊：

1. 全速追越球體，同時以右腳為基準腳，右腳須追越至球體的右側並超越約一個肩寬，同時使左腳外側進入盤球位置。（基準腳須和球體呈平行）

2. 以左腳外側朝向左後方後退 15° 的方向撥控球體，同時右腳發力向著左後方後退 15° 的方向全速彈跳。（人球合一同時發動）

3. 必須在 2 米之內追越球體，並且迅即進入換腳盤球之模式。

練習方法及重點：

1. 如上述左右兩腳輪番盤球練習，連續而全力全速的進行，以後退 15° 為規範，如有失控時必須全速撿回，全速恢復練習，不得中途休息，以後退總長度約 20 米為一個練習單元。

2. 每一個練習單元抵達之後可以緩步帶球回到原出發點，然後立即進入第二單元練習，每次至少練習三個單元，即 20 米距離練三趟，你將會發現每一趟都有一些進步！

A1 盤向右邊：

1. 以右腳盤球時，左腳即為支撐腳、基準腳兼發力腳。

A1 盤向右邊：

2. 基準腳須來到球的左方約一個肩寬，並且與球體至少呈平行，膝蓋彎曲，重心降低，準備發力。

-15°

A1 盤向右邊：

3. 以右腳外側朝向右後方後退 15° 的方向撥控球體，同時左腳發力向
著右後方後退 15° 的方向全速彈跳。（必須人球合一同時發動）

-15°

A1 盤向右邊：

4. 必須在 2 米之內追越球體，並且迅即進入以左腳外側盤球之模式。

B1 盤向左邊：

1. 全速追越球體，同時以右腳為基準腳，右腳須追越至球體的右側並超越約一個肩寬，同時使左腳外側進入盤球位置。

   （基準腳須和球體呈平行）

B1 盤向左邊：

2. 以左腳外側朝向左後方後退 15° 的方向撥控球體，同時右腳發力向著左後方後退 15° 的方向全速彈跳。（人球合一同時發動）

3. 必須在 2 米之內追越球體，並且迅即進入換腳盤球之模式。

第二快招：兩腳連環內側 + 外側盤球法
（全部退後 15° 進行練習）

A2 盤向右邊：

1. 伸長左腳，以左腳內側勾扣球體，使球體朝向身體右側平行滾動。

2. 右腳迅速騰空，並以右腳外側朝向右後方後退 15° 方向撥控球體；期間左腳勾扣，到右腳撥控之間球體的滾動不得超過 20 公分，必須左腳內側＋右腳外側迅速的接續控盤球體。

3. 右腳撥控的同時，左腳發力，朝向右後方後退 15° 方向全速全力彈跳，以「人球合一」為大原則，必須在 2 米之內追控到球體。

B2 盤向左邊：

1. 追控到球體的同時，伸長右腳，以右腳內側勾扣球體，使球體朝向身體左側平行滾動。

2. 左腳迅速騰空，並以左腳外側朝向左後方後退 15° 方向撥控球體；期間右腳勾扣到左腳撥控之間，球體的滾動不得超過 20 公分，必須右腳內側＋左腳外側迅速的接續控盤球體。

3. 左腳外側撥控的同時，右腳發力朝向左後方後退 15° 方向全速全力彈跳，以「人球合一」為大原則，必須在 2 米之內追控到球體。

練習方法及重點：

1. 如上述左右兩腳輪番盤球練習，連續而全力全速的進行，以後退 15°為規範，如有失控時必須全速撿回，全速恢復練習，不得中途休息，以後退總長度約 20 米為一個練習單元。

2. 每一個練習單元抵達之後可以緩步帶球回到原出發點，然後立即進入第二單元練習，每次至少練習三個單元，即 20 米距離練三趟，你將會發現每一趟都有一些進步！

3. 右腳撥控的同時，左腳發力，朝向右後方後退 15°方向全速全力彈跳，以「人球合一」為大原則，且必須在二米以內追控到球體。

A2 盤向右邊：
1. 伸長左腳，以左腳內側勾扣球體，使球體朝向身體右側平行滾動。

2

-15°

A2 盤向右邊：

2. 右腳迅速騰空，並以右腳外側朝向右後方後退 15°方向撥控球體；其間左腳勾扣，到右腳撥控之間球體的滾動不得超過 20 公分，必須左腳內側＋右腳外側迅速的接續控盤球體。

1

-15°

B2 盤向左邊：

1. 追控到球體的同時，伸長右腳，以右腳內側勾扣球體，使球體朝向身體左側平行滾動，亦即完成盤向左邊的準備模式，並且開始盤向左邊的動作。

2

-15°

B2 盤向左邊：

2. 右腳撥控的同時，左腳發力，朝向右後方後退 15°方向全速全力彈
   跳，必須在 2 米之內追控到球體。

3

-15°

B2 盤向左邊：

3. 追控到球體的同時，伸長右腳，以右腳內側勾扣球體，使球體朝向
   身體左側平行滾動。

4. 左腳外側撥控的同時，右腳發力朝向左後方後退 15°方向全速全力
   彈跳，必須在 2 米之內追控到球體。

第三快招：單腳騰空內側盤球法
（全部退後 15° 進行練習）

A3 盤向右邊：

1. 左腳位於球體左側約 10 公分處，並且和球體呈平行狀態。

2. 右腳騰空，以左腳一腳的力量向球體躍動，同時以左腳內側撥切球體，使球體朝向左後方 15° 方向滾動。

3. 以左腳內側撥切球體的動作，化作為此次盤球發動爆發性的起跑第一步，人球合一，佔領先機，且必須在 2 米之內追控到球體。

B3 盤向左邊：

1. 追控到球體的同時，變換成左腳騰空，以右腳單腳的力量使用腳內側撥切球體，使球體朝向左後方 15° 方向滾動。

2. 並且以右腳內側撥切球體的動作，化作為此次盤球發動爆發性的起跑第一步，人球合一，佔領先機，且必須在 2 米之內追控到球體。

練習方法及重點：

1. 如上述左右兩腳輪番盤球練習，連續而全力全速的進行，以後退 15° 為規範，如有失控時必須全速撿回，全速恢復練習，不得中途休息，以後退總長度約 20 米為一個練習單元。

2. 每一個練習單元抵達之後可以緩步帶球回到原出發點，然後立即進入第二單元練習，每次至少練習三個單元，即 20 米距離練三趟，你將會發現每一趟都有一些進步！

-15°

A3 盤向右邊：

1. 左腳位於球體左側約 10 公分處，並且和球體呈平行狀態。

-15°

A3 盤向右邊：

2. 右腳騰空，以左腳一腳的力量向球體躍動，同時以左腳內側撥切球體，使球體朝向右後方 15° 方向滾動。

3

-15°

A3 盤向右邊：

3. 必須在 2 米之內追控到球體。以左腳內側右後方 15° 方向撥切球的同一動作也必須是發動身體朝向同一方向移位的第一步，即是「人球合一」。

4

-15°

A3 盤向右邊：

4. 球體始終不致離身太遠，能夠迅速的在 2 米之內追控到球。

5

-15°

A3 盤向右邊：

5. 在 2 米之內追控到球體，同時進入盤向左邊的準備模式。

6

-15°

B3 盤向左邊：

6. 追控到球體的同時，變換成左腳騰空，以右腳單腳的力量使用腳內側撥切球體，使球體朝向左後方 15° 方向滾動；並且必須在 2 米之內追控到球體。

1. 以右腳內側向左後方 15° 方向撥切球體的動作，也必須是發動身體朝
   向同一方向移位的第一步，即是「人球合一」球體始終不致離身太遠。

本練習方法的優點：

第一：從最困難的後退 15° 開始練起，進步幅度最大、效率
最高，特殊方向的瞬間彈跳能力也迅速累積。

第二：對於控球角度的嚴格要求，很快的大幅提升了盤球、控
球的精準程度。

第三：間歇性的高壓、高速盤球訓練，並且多招式輪番訓練，雖然很累，但那種多方面進步的感覺，使人士氣高昂，興趣盎然！

第四：短時間內迅速重複的觸球、控球、盤球，使得每一單趟的練習都能處於進步的狀況中，一段時間的計畫訓練下來，進度幅度甚為可觀！

第五：腳法熟練之後，可直接用來接控來球；在中前場接球前，大部分會籠罩在對手的撲搶網絡之內，此時若只是單純的接控球，必是會陷入對手的糾纏之中，攻勢無法進展，甚至球被破壞、被搶走；此時若能夠使出「捷足式三快招」中任一招來接控球，就能夠使對手的撲搶落空，進而取得繼續進攻的機會與優勢！

第六：練習以後由於雙腳的敏捷度，以及各種特殊角度的彈跳能力大大提升，自然不易為對手所盤弄；個人對於地面球的爭搶能力自也會大大的提升，甚至處於優勢地位。

Chapter 3
假動作盤球腳法
（捷足式三妙招）

　　假動作的逼真度，必須要讓對手產生誤判，才能夠得到預期的良好效果，如果對手並未能產生誤判，則將得到反效果。

　　以身體或雙腳亂比劃來做為假動作，只會令對手感到迷惑，而較不容易誤判，所以是二流的！

　　以球體的反方向滾動，並至少滾動 30 公分以上，才能足以使對手誤判！這才是一流的假動作！

Chapter 3
假動作盤球腳法（捷足式三妙招）

第一妙招：單腳內側變外側盤球法
（全部退後 15° 進行練習）

要 領：

內側為假，外側為真！

內側為假：須滾動球體達 30 公分，使對手誤判。

外側為真：以後退 15° 的角度脫離，誘開對手的破壞與
糾纏，並在 2 米內追控到球避免被其他對手破壞或搶奪。

A1 盤向右側：

（右腳內側向左側盤球為假；瞬間轉換右腳外側向右後方 15°
脫離為真。）

1. 以右腳內側向身體左側盤動球體約 30 公分，同時左腳向左側

發力墊步，使得球體雖已撥動，並沒有離開右腳的控制範圍。

2. 同時間轉變以右腳外側盤撥球體，朝向右後方後退 15°方向脫離，同時左腳朝向右後方後退 15°方向發力「人球合一」，並在 2 米內追控到球體。

3. 追控到球體的同時，立即進入盤向左側的準備。

B1 盤向左側：

1. 以左腳內側向身體右側盤動球體約 30 公分，同時右腳向右側發力墊步，使得球體雖已撥動，並沒有離開左腳的控制範圍。

2. 同時間轉變以左腳外側盤撥球體，朝向左後方後退 15°方向脫離，同時右腳朝向左後方後退 15°方向發力「人球合一」，並在 2 米內追控到球體。

3. 追控到球體的同時，立即進入盤向右側的準備。

練習方法及重點：

1. 如上述左右兩腳輪番盤球練習，連續而全力全速的進行，以後退 15°為規範，如有失控時必須全速撿回，全速恢復練習，不得中途休息，以後退總長度約 20 米為一個練習單元。

2. 每一個練習單元抵達之後可以緩步帶球回到原出發點，然後立即進入第二單元練習，每次至少練習三個單元，即 20 米距離練三趟，你將會發現每一趟都有一些進步！

A1 盤向右側：

1. 以右腳內側向身體左側盤動球體約 30 公分，同時左腳向左側發力墊步，使得球體雖已撥動，並沒有離開右腳的控制範圍。

2. 同時間以右腳外側撥動球體，朝向右後方 15° 方向脫離。

3. 同時左腳朝向右後方後退 15° 方向發力以「人球合一」為大原則，並在 2 米之內追控到球體。

4. 追控到球體的同時，立即進入盤向左側的準備。

B1 盤向左側：

1. 以左腳內側向身體右側盤動球體約 30 公分，同時右腳向右側發力墊步，使得球體雖已撥動，並沒有離開左腳的控制範圍。

2. 同時間轉變以左腳外側盤撥球體，朝向左後方後退 15° 方向脫離，同時右腳朝向左後方後退 15° 方向發力以「人球合一」為大原則並在 2 米內追控到球體。

第二妙招：兩腳內側連環盤球法
（全部退後 15° 進行練習）

要 領：

一腳內側為假，另一腳內側為真！

若以左腳發動時則左腳為假，右腳為真

以右腳發動時右腳為假，左腳為真

假的需滾動球體達 30 公分才能使對手誤判

真的以高難度的退後 15° 人球合一，迅速脫離。

A2 盤向右邊：

1. 以右腳內側向身體左側撥動球體達 30 公分以上，同時間左腳開大步直接以左腳內側將球體擋切回來，朝向右後方 15° 方向脫離。

2. 右腳向右後方 15° 方向發力以「人球合一」為大原則，必須在 2 米之內追控到球體。

3. 以左腳內側觸控球體，即可視為完成盤向左邊的準備動作。

B2 盤向左邊：

1. 以左腳內側向身體右側撥動球體達 30 公分以上，同時間右腳開大步直接以右腳內側將球體擋切回來，朝向左後方 15° 方向脫離。

2. 左腳向左後方 15° 方向發力以「人球合一」為大原則，必須在 2 米之內追控到球體。

3. 以右腳內側觸控球體，即可視為完成盤向右邊的準備動作。

練習方法及重點：

1. 如上述左右兩腳輪番盤球練習，連續而全力全速的進行，以後退 15° 為規範，如有失控時必須全速撿回，全速恢復練習，不得中途休息，以後退總長度約 20 米為一個練習單元。

2. 每一個練習單元抵達之後可以緩步帶球回到原出發點，然後立即進入第二單元練習，每次至少練習三個單元，即 20 米距離練三趟，你將會發現每一趟都有一些進步！

1

-15°

A2 盤向右邊：

1. 以右腳內側向身體左側撥動球體達 30 公分以上。

2

-15°

2. 同時間左腳開大步直接以左腳內側將球體擋切回來，朝向右後方 15°
   方向脫離。

2. 右腳向右後方 15°方向發力以「人球合一」為大原則，必須在 2 米
之內追控到球體。

3. 以左腳內側觸控球體，即可視為完成盤向左邊的準備動作。

1

-15°

B2 盤向左邊：

1. 以左腳內側向身體右側撥動球體達 30 公分，同時間右腳開大步直接以右腳內側將球體擋切回來，朝向左後方 15° 方向脫離。

2

-15°

2. 左腳向左後方 15° 方向發力以「人球合一」為大原則，必須在 2 米之內追控到球體。

第三妙招：同腳內側真假方向疾翻盤球法
（全部退後 15° 進行練習）

要 領：

同腳內側向身體外側為假，反方向疾翻為真！

以右腳內側發動時，向身體右側為假

疾翻 180° 變成向身體左側為真

以左腳內側發動時，向身體左側為假

疾翻 180° 變成向身體右側為真

A3 盤向右邊：

1. 以左腳內側發動，向身體左側撥動球體達 30 公分。

2. 同時間右腳向左側發力墊步，使得左腳內側得以趕過球體，並能瞬間疾翻使球體 180° 轉向朝向右後方 15° 的方向脫離。

3. 同時右腳向右後方 15° 方向發力以「人球合一」為大原則，必須在 2 米之內追控到球體。

4. 並且迅速以右腳內側控制球體，完成盤向左邊的準備動作。

B3 盤向左邊：

1. 以右腳內側發動，向身體右側撥動球體達 30 公分同時間左腳向右側發力墊步，使得右腳內側得以趕過球體並能瞬間疾翻，使球體 180° 轉向，朝向左後方 15° 的方向脫離。

2. 同時左腳向左後方 15° 方向發力以「人球合一」為大原則，必須在 2 米之內追控到球體，並迅速以左腳內側控制球體，完成盤向右邊的準備動作。

練習方法及重點：

1. 如上述左右兩腳輪番盤球練習，連續而全力全速的進行，以後退 15° 為規範，如有失控時必須全速撿回，全速恢復練習，不得中途休息，以後退總長度約 20 米為一個練習單元。

2. 每一個練習單元抵達之後可以緩步帶球回到原出發點，然後立即進入第二單元練習每次至少練習三個單元，即 20 米距離練三趟，你將會發現每一趟都有一些進步！

A3 盤向右邊：

1. 以左腳內側發動，向身體左側撥動球體達 30 公分。

2. 同時間右腳向左側發力墊步，使得左腳內側得以趕過球體，並能瞬間疾翻使球體 180° 轉向朝向右後方 15° 的方向脫離。

3. 同時右腳向右後方 15° 方向發力以「人球合一」為大原則，必須在 2 米之間追控到球體。

4. 並且迅速以右腳內側控制球體，完成盤向左邊的準備動作。

B3 盤向左邊：

1. 以右腳內側發動，向身體右側撥動球體達 30 公分同時間左腳向右
   側發力墊步，使得右腳內側得以趕過球體並能瞬間疾翻，使球體
   180° 轉向，朝向左後方 15° 的方向脫離。

2. 同時左腳向左後方 15° 方向發力必須在 2 米之內追控到球體，並
   迅速以左腳內側控制球體，完成盤向右邊的準備動作。

> **補充說明：**
>
> 三妙招特點，完全以球體滾動來做為「假動作」令對手產生
> 誤判，而不是以身體或雙腿亂動來做假動作。

原由分析：

足球玩家們的假動作五花八門花樣繁多，每個人專長不同喜好不同，每個人都會去苦練自認為最美妙的招式，但是招式的好壞高低孰優孰劣應該要有以下的評判標準：

例一：

二流的假動作大抵如下：盤球者很努力的做出自認得意的假動作；但是對手並未產生誤判只是感到有些迷惑仍然能夠盯緊堅守；此等假動作並不能直接盤過對手，只能夠在假動作之後將球捅遠靠速度衝越對手。（如果遇上密集防守區域，則將無法施展）

例二：

三流的假動作大抵如下：盤球者很努力的重覆做出自認得意的假動作；浪費體力貽誤時機，對手並未產生誤判或迷惑，最後還把球捅到對手防守範圍，致前功盡棄。

例三：

一流的假動作必須如下：在適當的時機使出逼真的假動作，成功的誘使對手產生誤判，而撲向錯誤的搶球方向；並且迅即有如鬥牛士一般，優美流暢的連人帶球迂閃而過，直接指向對方陣營的要害，發展更進一步的攻擊！

結論：

假動作的逼真程度，決定了對手會不會誤判上當；以身體或雙腳亂動、亂跳來做假動作，縱使你自認為假動作做得很大，很漂亮，但對手緊盯著球體應變，由於你的球體並沒有動作變化，很自然的對手不容易誤判上當，頂多令其產生迷惑而已，本書特別強調「捷足式假動作盤球三妙招」，最大的特點就是完全以球體的滾動來做為「假動作」，並且特別要求虛假方向的球體滾動必須達到 30 公分才能夠得到足夠的「逼真度」迫使對手誤判上當。

練就了「捷足式假動作盤球三妙招」之後，
你基本上就已經具備了一等一的盤球能力和身手了！
此後請你注意在比賽中必須遵守的盤球大原則：

第一：

在己方後場時嚴禁盤弄。

第二：

在中場時盡量以控球、傳球，延續攻勢，避免失誤，非必要時不要盤球不要白浪費體力。

第三：

在趨前即將得球之前，須先清楚觀察敵我球員的相關位置，並且嚴密監控最接近的第一位前來截奪者的動向與意圖；同時間把目光朝向己方第一位前來接應的隊友，並且做好準備要傳球的動作！此時在你控推得宜，維持著良好的前進動能之下，該第一位前來截奪者如果起了攔阻你傳球的意圖就中招了；你那逼真的假動作一出，對手立即誤判上當，撲向了錯誤的一方，乾淨、輕鬆又美妙的盤球過人，過關斬將！此即所謂〝利用隊友來盤球〞隊友在左邊，則假動作向左邊盤向右邊！隊友在右邊，則假動作向右邊盤向左邊！未

能遵守上述原則者，將得到不同的效果與結果！此後你的盤球技藝將漸入佳境！

成為頂尖盤球者應具備的信念：

1. 不要在己方後場做無謂的盤弄；亦即在前場為了發動攻擊時始可為之。

2. 不要在對方多人密集防守之下輕易發動盤球伎倆；人多密集時改以「盤傳合一」、「盤吊合一」代替。

3. 在接控球之前即能洞查對手的意圖（由對手的奔跑速度、針對的方向可約略得知）而直接使出正確方向的假動作來接控球，使得對手完全誤判向著假動作的方向出腳猛踢，必定能乾淨的盤過對手，並且球不離身的去面對下一個狀況！

4. 一定要練好「正腳背強力射門」俾便在射門範圍內使用「盤射合一」來射門取分；亦即一旦進入自己本身的射門範圍，即以「盤射合一」為優先考量，不必再盤過對手了！（增加射門次數及整體進攻殺傷力）

5. 「射門範圍內」甚至「禁區內」能夠以強力射門為後盾，使得對手更形慌亂不知你是盤？是射？進一步能夠洞燭機先＋正確方向假動作＋強力射門，這般的成熟美技又加上能左右兩腳合

適運用，則每當攻守一對一的時候，射門得分將是有如探囊取物，易如反掌！

6. 「盤射合一」招式使出後，萬一仍無法施射應立即停止射門，全力護球或改為傳球給隊友另作他圖！

Chapter 4
盤射合一
（三快招、三妙招）

　　當今舉世足壇僅有少數超級巨星具備「盤射合一」美技，能夠在激烈比賽中破門得分，奠定勝基。

　　其他舉凡在射門範圍無法完成射門者，例如，射中對手身體，射球被封阻於腳下，變成進攻零分，這種選手比比皆是……

　　請你在練會了「捷足式正腳背強力射門」與前述各種盤球腳法之後務必努力的練好「盤射合一」俾擠身世界頂尖攻擊手之林！

Chapter 4
盤射合一（三快招、三妙招）

臨門進攻時，可能遇到的狀況及其處理方法

第一種狀況： 得球時尚未進入射門範圍，須得向前控推進入射門
範圍始得施射。

第二種狀況： 得球時角度不佳，須得向較佳角度控推，始得施射。

第三種狀況： 得球時已進入射門範圍，且對手尚未補位完成，出
現射門空檔時，須於第一時間當機立斷，起腳勁射，
並且射向對方守門員與球門柱之間虛設的「狗洞」
即可建功！

第四種狀況： 得球時已進入射門範圍，但對手已經補位完成，或
即將補位完成，並未出現射門空檔時，切勿施射，

射了也是枉然，必定會被封阻，而致前功盡棄！值此「盤射合一」將可派上了最大的用場，並且讓你屢建奇功！

盤射合一練就之後，極容易射門取分的原因如下：
（包含攻防雙方心理分析）

1. 所有的防守者都一樣，當你進入射門範圍時，必定會變得較容易衝動；因此時他必定不可以被盤過，也不可以被起腳射門！處在這兩難之間，他的首要之務仍會以不被盤過為優先考量，因為萬一被盤過大門失守責任難當啊！

2. 「知己知彼，百戰百勝」利用對手不讓盤過的緊張心態；以假動作讓對手誤以為你將要盤過他，使其誤判，隨即趁機在反方向橫向（前進 15°～向後退 15° 之間，以能射門完成為原則）2 米之內完成射門！射向預設於守門員和球門柱之間的「狗洞」即可完成有效射門！

3. 已經練就了盤過對手的優良腳法，而不去盤球過人，在射門範圍之內，實施「盤射合一」自然會是得心應手成功機率甚高！可以說假設盤球過人的成功率有五成，則以同等技術腳法來實施「盤射合一」其成功機率將可達到七、八成以上！

實戰中施行「盤射合一」應注意事項：

1. 於平常練習中，即已設定自己本身的「射門範圍」如練就了「正腳背強力射門」者，至少以 18 碼為低標、22 碼為高標，視自己本身能力而定，腳力較強者 25 碼也可以！

2. 須練就左右兩腳皆能發揮施射，切忌只練慣用一腳，功效將會大打折扣！

3. 得球之前即先行觀察對方防守弱點之所在，預先盤算出可以起腳施射之地點，然後照表操課，以假動作迫使對手誤判，順利的在預設地點施射，完成「有效射門」！

4. 假動作只能做一次，如果失敗了，不能完成施射時，應立即放棄射門，改採全力護球，立刻改變為傳球、做球，使攻勢不致中斷！因為「盤射合一」美技是很難以防守的，往往需要密集動用多名防守人員，拼力防守，所以當你無法施射時，良機就在隊友身上啊！

第一快招：腳外側盤球＋正腳背強力射門

1

預設射門地點位於右側時，盤向右邊：左腳基準腳須超越球體的左方半個至一個肩寬，並且與球體約呈平行，膝蓋彎曲，重心降低，準備發力。

2

以右腳外側朝向預設射門地點撥控球體，同時左腳發力「人球合一」同時發動。

必須迅速又正確的在 2 米之內的預設射門地點射門，基準腳順利的正確到位。

基準腳定位後，利用身體的慣性前進，巧妙而順勢的自然形成拉弓！

5

以正腳背一直線向前擊球,同時腳尖亦沿著地面一直線前進,正確的
完成「有效射門」。

第二快招：兩腳連環腳內側＋外側盤球 ＋正腳背強力射門

預設射門地點位於右側時，盤向右邊：伸長左腳，以左腳內側勾扣球體，使球體朝向身體右側平行滾動。

右腳迅速騰空，並以右腳外側朝向預設射門地點撥控球體。

3

必須迅速又正確的在 2 米之內的預設射門地點起腳射門。

4

基準腳順利的正確到位。

5

基準腳定位後，利用身體的慣性前進，巧妙而順勢的自然形成拉弓！

6

以正腳背一直線向前擊球，同時腳尖亦沿著地面一直線前進，正確的完成「有效射門」。

第三快招：單腳騰空內側盤球 + 正腳背強力射門

1

預設射門地點位於右側時，盤向右邊：左腳位於球體左側約10公分處，並且和球體呈平行狀態。

2

右腳騰空，以左腳一腳的力量向球體躍動，同時以左腳內側撥切球體，使球體朝向預設射門地點滾動。

必須迅速又正確的在 2 米之內的預設射門地點起腳射門。

基準腳順利的正確到位。

5

基準腳定位後，利用身體的慣性前進，巧妙而順勢的自然形成拉弓！

6

以正腳背一直線向前擊球，同時腳尖亦沿著地面一直線前進，正確的完成「有效射門」。

第一妙招：同腳內側變外側盤球 + 正腳背強力射門

預設射門地點位於右側時，盤向右邊：以右腳內側向身體左側盤動球體約 30 公分，同時左腳向左側發力墊步，使得球體雖已撥動，並沒有離開右腳的控制範圍。

同時間轉變以右腳外側盤撥球體，朝向預設射門地點滾動。

必須迅速又正確的在 2 米之內的預設射門地點起腳射門。

基準腳順利的正確到位。

5

基準腳定位後，利用身體的慣性前進，巧妙而順勢的自然形成拉弓！

6

以正腳背一直線向前擊球，同時腳尖亦沿著地面一直線前進，正確的完成「有效射門」。

第二妙招：兩腳內側連環盤球＋正腳背強力射門

1

預設射門地點位於右側時，盤向右邊：以右腳內側向身體左側撥動球
體達 30 公分以上。

同時間左腳開大步，直接以左腳內側將球擋切回來，朝向預設射門地點滾動。

基準腳順利的正確到位。

4

基準腳定位後，利用身體的慣性前進，巧妙而順勢的自然形成拉弓！

5

以正腳背一直線向前擊球，同時腳尖亦沿著地面一直線前進，正確的
完成「有效射門」。

第三妙招：同腳內側真假方向疾翻盤球 + 正腳背強力射門

預設射門地點位於右側時，盤向右邊：以左腳內側發動，向身體左側撥動球體達 30 公分。

同時間右腳向左腳發力墊步，使得左腳內側得以趕過球體，並能瞬間疾翻使球體轉向，朝向預設射門地點滾動。

3

必須迅速又正確的在 2 米之內的預設射門地點起腳射門。

4

基準腳順利的正確到位。

5

基準腳定位後，利用身體的慣性前進，巧妙而順勢的自然形成拉弓！

6

以正腳背一直線向前擊球，同時腳尖亦沿著地面一直線前進，正確的完成「有效射門」。

補充說明：盤射合一應注意兩大重點

一、出球角度須在於橫向前進 15°和後退 15°之間以能完全避開
對手攔阻為原則。

二、必須在橫向出球 2 米內完成射門。

在射門範圍輕鬆取分的絕招：

假設當你盤球練好，射門也練好了，並且在射門範圍內得球。

狀況 1：

你勉強盤過了第一個對手，但旋即被迅速補位的第二個對手給
破壞掉，前功盡棄！因為在射門範圍內必然要面對的是密集的防守
啊！極不利於盤球過人，即使盤球過人成功，下一波的圍堵破壞接
踵而來，若未能完成射門到頭來全部功虧一簣，徒勞無功！

狀況 2：

你原想要直接射門但卻苦無機會；球門明明是近在咫尺，但由
於對方後衛密集防守，你無論射得多好都只能射在對方防守者的封
鎖之下，根本就射不到球門，更何況對方球門前還有一位堅強的守
門員！在這個時候精良的「盤射合一」將會使你經常能夠輕易的射
門取分，使你成為足球場上的「超級殺手」得分之 Key ！

Chapter 5
盤吊合一

「盤吊合一」可使你的高吊球順利準確地完成而不至於受到對手的阻擋！

Chapter 5
盤吊合一

捷足式高吊球腳法之特點及注意事項

1. 基準腳須到達球體的平行位置，即基準腳腳尖須超越球體的前緣。

2. 最後一步稍拉大，自然形成拉弓，而不可向後、向上拉弓。

3. 踢球腳須沿著地面揮擊，才能更準確的踢中球體與地面接觸之正確部位，並能使得踢擊的速度更快，力道更集中，飛行路線更加能夠精確掌控！

4. 會踢，並可以踢準確以後就必須完全戒除練踢靜止球的陋習；每一球的練踢皆須以「盤吊合一」的招式來進行動態中連續動

作不斷的鍛鍊，使得盤球、高吊球功力同時並進！

5. 練習當中，應該左腳一個、右腳一個，左右輪番進行，不可有
    所偏廢！

1. 基準腳須到達球體的平行位置，即基準腳腳尖須超越球體的前緣。

2. 最後一步稍拉大，自然形成拉弓，而不可向後、向上拉弓。

3. 踢球腳須沿著地面揮擊，才能更準確的踢中球體與地面接觸之正確
　 部位，並能使得踢擊的速度更快，力道更集中，飛行路線更加能夠
　 精確掌控！

第一快招：腳外側盤球 + 高吊球

1

預設高吊球地點位於右側時，盤向右邊：左腳基準腳須超越球體的左方約一個肩寬，並且與球體約呈平行，膝蓋彎曲，重心降低，準備發力。

2

以右腳外側朝向預設高吊球地點撥控球體，同時左腳發力「人球合一」同時發動。

必須迅速又正確的在 2 米之內的預設高吊球地點高吊球，基準腳順利的正確到位。

準確的以右腳內側沿著地面，一直線將球高吊起來。

第二快招：兩腳連環腳內側 + 外側盤球 + 高吊球

1

預設高吊球地點位於右側時，盤向右邊：伸長左腳，以左腳內側勾扣球體，使球體朝向身體右側平行滾動。

2

右腳迅速騰空，並以右腳外側朝向預設高吊球地點撥控球體。

3

必須迅速又正確的在 2 米之內的預設高吊球地點起腳高吊球。

4

準確的以右腳內側沿著地面，一直線將球高吊起來。

第三快招：單腳騰空內側盤球 + 高吊球

1

預設高吊球地點位於右側時，盤向右邊：左腳位於球體左側約 10 公分
處，並且和球體呈平行狀態。

2

右腳騰空，以左腳一腳的力量向球體躍動，同時以左腳內側撥切球體，
使球體朝向預設高吊球地點滾動。

必須迅速又正確的在 2 米之內的預設高吊球地點起腳高吊球。

基準腳順利的正確到位。

準確的以右腳內側沿著地面,一直線將球高吊起來。

第一妙招：同腳內側變外側盤球＋高吊球

1

預設高吊球地點位於右側時，盤向右邊：以右腳內側向身體左側盤動球體約 30 公分，同時左腳向左側發力墊步，使得球體雖已撥動，並沒有離開右腳的控制範圍。

2

同時間轉變以右腳外側盤撥球體，朝向預設高吊球地點滾動。

必須迅速又正確的在 2 米之內的預設高吊球地點起腳高吊球。

基準腳順利的正確到位。

準確的以右腳內側沿著地面，一直線將球高吊起來。

第二妙招：兩腳內側連環盤球 + 高吊球

1

預設高吊球地點位於右側時，盤向右邊：以右腳內側向身體左側撥動球體達 30 公分。

2

同時間左腳開大步，直接以左腳內側將球擋切回來，朝向預設高吊球地點滾動。

3

基準腳順利的正確到位。

4

準確的以右腳內側沿著地面，一直線將球高吊起來。

第三妙招：同腳內側真假方向疾翻盤球 ＋高吊球

1

預設高吊球地點位於右側時，盤向右邊：以左腳內側發動，向身體左側撥動球體達 30 公分。

2

同時間右腳向左側發力墊步，使得左腳內側得以超過球體，並能瞬間疾翻使球體轉向，朝向預設高吊球地點滾動。

3

必須迅速又正確的在 2 米之內的預設高吊球地點起腳高吊球。

4

準確的以右腳內側沿著地面，一直線將球高吊起來。

Chapter 6
變向短傳三奇招

專門使用於接近射門範圍，或射門範圍裡面的短距離傳球，「變相短傳三奇招」可以使得對手的防守，從沒有破綻變成出現破綻；從稍有破綻變成漏洞拉大……

Chapter 6
變向短傳三奇招

變 向 短 傳 三 奇 招（最能在得分範圍建立奇功）

短傳第一奇招： 外側短傳腳法，此招即為捷足式盤球腳法第一快招，腳外側盤球法熟練後之運用！

短傳第二奇招： 同腳內側變外側短傳腳法，此招即為假動作盤球第一妙招，同腳內側變外側盤球腳法熟練後之運用！

短傳第三奇招： 兩腳內側連環變向短傳腳法， 此招即為假動作盤球第二妙招，兩腳內側盤球腳法，熟煉後之運用！

練習方法及應注意事項：

1. 練熟了盤球腳法以後，上述三奇招是可適合用來短傳的；唯仍

須加以認真練傳踢之後才能在賽場上運用自如，克敵致勝！

2. 利用牆壁來自主訓練，距離不用太長約 5～7 米即可，右、左兩腳輪番練踢踢向牆壁上的狗洞，右腳踢一個、左腳踢一個，連續踢球，不可停球再踢，不可中斷，如有踢壞或踢歪時，必須全速撿回，全速恢復練習，每個回合至少練踢 30 球以上，踢球數目可視自己狀況訂定，也可以時間訂定之，例如每個回合練 2 分鐘或 3 分鐘等等……

3. 要注意並講究每一傳球的球質，球質須結實、強勁，且平貼摩擦地面草皮，而不要彈跳或離開地面！這種球質的前半段球速較為強勁，正好用來穿透對方的防守；後半段則因草皮、地面的摩擦會有自動減速的效果，正好有利於前鋒突破時，順利的追控球體！

4. 藉由正確又認真的訓練，假動作以及傳球球質等技術層面大幅精進之後，在比賽中傳球成功率，以及進攻時的滲透力、殺傷力，都會大大提升，球隊的戰果也將會蒸蒸日上！

5. 如有機會「單刀直入」獨自面對放棄球門，全速衝刺來的敵方守門員時，使出上述「變向傳球三奇招」中的任何一招，以假動作使對方誤判，同時結結實實的撥球入網，順利得分，切忌使用腳內側踢球，因其方向太明顯，容易被對手攔截，也不要

起腳勁射，因為起腳勁射之際，所有進球角度很快的會被對手封鎖，再強勁的射球，也只會射在對方身體上面，因而受阻不能得分！

另外說明：

當你「單刀直入」時，必定是全速向前衝刺；而同時間棄門而出的對方守門員更是拚盡全力的向著你衝過來，形同火車對撞之勢；你原本感受似乎有一些射門角度；似可施射其實那些角度喪失的速度是加倍的快，會加倍快的變成沒有角度了，身為足球員，有機會獲得「單刀直入」良機者不可不知！

以熟練後的盤球腳法，用來進行短傳，可適用以下有三種

第一種：捷足式盤球第一快招：外側盤球腳法
「外側短傳腳法」

1

以左腳外側踢球時，可向左方踢傳；以右腳為基準腳（即右腳）須來
到球的右方半個至一個肩寬，並且與球體呈平行，使得身體左肩對向
傳球目標。

2

踢球腳（即左腳）向基準腳（即右腳）靠近，然後以左腳外側沿著地
面一直線踢擊球心，並注意球質結實、強勁、準確。

踢球腳須貫穿球心,並著地在目標線上,並且保持整體的機動性,俾便立刻轉身換右腳踢傳。

球體反彈回來時,立刻轉身並以左腳為基準腳,準備以右腳外側踢傳。

以右腳外測沿著地面踢擊球心,並且貫穿球心。

第二種：假動作盤球第一妙招：同腳內側變外側盤球腳法

「同腳內側變外側傳球腳法」

以右腳內側發動時，即是向右方目標踢傳，內側為假，外側為真。

以右腳內側向身體左側盤動球體約30公分，同時左腳向左側發力墊步，使得球體雖已撥動，並沒有離開右腳的控制範圍。

以右腳外測沿著地面踢擊球心，並且貫穿球心。

第三種：假動作盤球第二妙招：兩腳內側連環盤球腳法

「兩腳內側連環變向傳球腳法」

以左腳內側發動時，左腳為假，右腳為真，以左腳內側向身體右邊撥動球體達 30 公分。

身體瞬間騰空，及時趕上球體，並且正確的以右腳內側沿著地面踢擊球心，並且注意球質結實、強勁、準確。

3

以右腳內側踢擊球心，並且貫穿球心。

4

以左腳內側踢擊時亦同；練習時不要間斷的，右腳踢一個，左腳踢一個，兩腳輪番練踢。

Chapter 7

接控球

在積極的足球賽當中，「停球」這動作是用不到的，也是太過於簡單的動作。處於強敵環伺的賽場裡，把球停住、停死，那是極不利的、很容易被劫奪的，本書主張所有的停球練習應全部停止，而代之以本章的「接控球」以及第九章的「全速控推」這樣才能夠造就更高超的球技！

Chapter 7
接控球

以第二、三章六種盤球腳法用來接控球

以捷足式盤球腳法：三快招、三妙招直接接控來球

在橫向 2 米之內完成，並且角度限定在前進 15°～後退 15° 之間完成；以能夠完全擺脫前來搶截對手的糾纏為原則。

臨場應用說明：

1. 在比賽中，當你即將接到球之際，若對手尚未前來補位，應立即向對方球門方向全速控推，展開進一步攻勢；若對手已經逼近即將出腳爭搶時你就必須使出盤球腳法接控來球，巧妙的閃過對手，使其撲空，乃得以順利的接續攻勢！

2. 快速逼近的對手如果尚無明顯搶球方向,而只是快速逼近時,
應向著對手的奔行路線使出假動作,使其誤以為肥羊自投羅網
而再度加速度,同時間向反方向以正確的角度(指最有利的角
度)迅速的人球一體脫離,並且在 2 米之內追控到球體,順利
的接續此次攻勢!

3. 快速逼近的對手如果你已經感受到他的搶球企圖和搶球方向,
應即朝向其搶球方向使出假動作,使其誤判又加速,甚至急切
的出腳,同時間向相反方向以最有利的角度迅速的人球一體脫
離,並且在 2 米之內追控到球體,順利的接續此次攻勢!

4. 如果是在射門範圍之內,也可以使出假動作接控球的招式,使
球體脫離至 2 米之內的可射門地點,逕行完成射門!

第一快招:腳外側接控球

本招適用狀況:球體來勢和緩,滾動均勻時適用之。

前置動作：身體的正面進入來球的路線中央，重心降低準備接控來球，同時仔細觀察對手的奔行路線及企圖。

（對手自左側來襲時，接控至右側）趨前迎接來球，接控時身體左閃約一個肩寬，以右腳外側接控來球。

3

以右腳外側撥控球體，角度限定在前進 15°～後退 15° 之間，以能
夠完全擺脫前來搶截對手的糾纏為原則。

4

在橫向 2 米之內追控到球體。

（反之：對手自右側來襲時，
接控至左側。）

5

立即順利的又迅速的接續下一步攻
勢。

第二快招：雙腳連環內側＋外側接控球

1

適用時機：當來球速度較快，身體正面來不及進入來球的路線中央時，適用此招，應以此招來接控來球。

接控至右側：來球在左側，且速度較快，身體正面來不及進入來球的路線中央。

2

伸長左腳，以左腳內側勾扣球體，使球體朝向身體右側平行滾動。

3

右腳迅速騰空，以右腳外側撥控球體，角度限定在前進15°～後退15°之間，以能夠完全擺脫前來搶截對手的糾纏為原則。

接控至左側：來球在右側，且身體正面來不及進入來球的路線中央。

伸長右腳，以右腳內側勾扣球體。

6

使球體朝向身體左側平行滾動。

7

左腳迅速騰空，以左腳外側接續撥控球體，迅速脫離。

第三快招：單腳騰空內側接控球

身體的正面進入來球的路線中央，重心降低準備接控來球，同時仔細觀察對手的奔行路線及企圖。

接控至右側：向前迎球，並算準時機右腳騰空，以左腳一腳的力量向球體躍動同時以左腳內側撥切球體。

在橫向 2 米之內追控到球，立即順利又迅速的接續下一步攻勢。

第一妙招：單腳內側變外側接控球

身體的正面進入來球的路線中央，重心降低準備接控來球，同時仔細觀察對手的奔行路線及企圖。

接控至右側：向前迎球，以右腳內側向身體左側盤動球體約30公分，同時左腳向左側發力墊步，使得球體雖已撥動並沒有離開右腳的控制範圍。

3

以右腳外側撥控球體，角度限定在前進15°～後退15°之間，以能夠
完全擺脫前來搶截對手的糾纏為原則。

4

在橫向2米之內追控到球體，立即順利的又迅速的接續下一步攻勢。

第二妙招：兩腳內側連環接控球

1

身體的正面進入來球的路線中央，重心降低準備接控來球，同時仔細觀察對手的奔行路線及企圖。

2

接控至右側：以右腳內側向身體左側撥動球體達 30 公分以上。

3

同時間左腳開大步直接以左腳內側將球體擋切回來，角度限定在前進15°～後退15°之間，以能夠完全擺脫前來搶截對手的糾纏為原則。

4

在橫向2米之內追控到球體，立即順利的又迅速的接續下一步攻勢。

第三妙招：同腳內側真假方向疾翻接控球

身體的正面進入來球的路線中央，重心降低準備接控來球，同時仔細觀察對手的奔行路線及企圖。

接控至右側：以左腳內側發動，向身體左側撥動球體達 30 公分。

3

同時間右腳向左側發力墊步，使得左腳內側得以趕過球體，並能瞬間疾翻使球體 180° 轉向朝向右側方向脫離。

4

在橫向 2 米之內追控到球體，立即順利的又迅速的接續下一步攻勢。

Chapter 8
捷足式腳內側
低平地面球腳法

與本書第一章「捷足式正腳背強力射門」一樣的
原理，革除掉不必要的拉弓，多餘的準備動作，將會
使得腳內側踢球變成更加迅速簡捷，有力準確，也才
能夠穩健的踢出低平摩擦草皮的進攻式傳球！

Chapter 8
捷足式腳內側低平地面球腳法

低平地面傳球的基本要求

要點1：

球和接應隊友之間如果沒有攔截者，以地面的低球為佳，因為比較有利於隊友控制來球，並且便於後續動作。（若有攔截者，才需要用到高吊球）

要點2：

講究球的力道，若隊友在行進間，必須考慮接應球員的行進速度及角度，避免傳球過頭或未及！

要點3：

若有攔截者之時，謹守不可以被攔截的大原則。必須先閃避、脫離對方的攔截範圍（透過盤球、運球或施以假動作來脫離攔截者）再進行傳球。

地面傳球

當球與傳球目標之間，沒有障礙物且未有攔截者之時，使用地面傳球，往往能夠排除意外並且掌握最高效益。

在此時刻，傳一個低空飛球或者高吊球，只會徒增接應者處理球的困難度。並且，球路較不利於接應者。

討論 1：

這種傳球主要以腳內側踢法與外側腳法為之。

討論 2：

當有障礙物或者有攔截者在球與目標之間，才能考慮使用低空球或高吊球。

討論 3：

接應者在處理低空球與高吊球時，必須將從空中來的球，自空中控下，始能進行運用，故將增加操作難度。

地面傳球腳法：腳內側與腳外側之區別

決定進行地面傳球時，應當使用穩健的低平踢法，並且選擇腳內側踢法或者腳外側踢法進行操作。

一般來説，為求更加穩健的操作，且避免意外，可以使用腳內側踢法短傳而腳外側踢法的使用，未能比腳內側踢法球速強勁，但當有特殊目的時，可以使用為之。

說明 1：腳內側低平地面踢法

地面傳球以腳內側腳法做短傳為多，不僅最穩當穩健，且容易取得準確度與控制性。因而在絕大部分單純的傳球上，多用此腳法，故不需要運用特殊踢法。例如：遇到對方空門時，使用穩當的腳內側踢法即可輕易得分。

※ 腳內側使用時機：需穩健得分與穩當操作時，且無其他因素干擾時。

（無障礙、無搶奪者）

說明 2：腳外側低平地面踢法

腳內側踢法穩當，準確性高，強勁度優於外側踢法，比較有力量。但缺點在於沒有掩蔽性，傳球方向比較容易被對手預測得知。

而選用腳外側低平地面踢法時，往往不容易被防守者預測，不僅具有隱蔽性且能有欺敵的效果。但問題在於，困難度較高且需要大量的練習始能達到相當的水準。因而外側踢法由於力道不強，不適合太長距離的傳球，過長的話，將需視個人能力而定。

※　在短傳時，若無障礙、無攔截者時，為了方便接應者處理，球以地面球為最佳選擇。

地面傳球時需注意之球質

　　優良球質，應當讓球體平貼於草皮上面，在球體出發時，略為強勁，且不帶旋轉。

　　球質為何要如此要求？以下續行分析：

解說1：

　　平貼草皮之球，球速適中而恰到好處時，為接球者最歡迎的球質。並且容易讓接應者直接進行下一步的動作。

解說2：

　　平貼且摩擦草皮不帶旋轉的球質，出發的前半段球速較為強勁，後半段因為草皮摩擦，則將自動產生減速的效果，這種球用來

穿越後衛與後衛之間的空隙。（強勁的前半段球，不容易被攔截）並且有利於前鋒突破能追逐到球。（後半段被草皮摩擦而減速的球質）一般的傳球，為了穿越後衛間的空隙，球速必須加速加快，由於球速的加快，因而大部分的前鋒往往追不到而出界。使得功勢停頓，或者被守門員攔截得手。

※　半空中的飛球、低空飛球與高空飛球，球速夠快，且於下雨之時，基於摩擦減小所以不會減速，故而球仍滾動快速，而不容易被接應者操控。因此，倘若球員追不到球則容易變成出界，甚至被對方守門員攔截得球。

解說 3：

傳球不但要傳到位，而且要產生更有建設性的效果。

故而，球必須傳到接應者心中所想要的良好位置，且符合接應者的需求，即所謂：正中下懷。

傳球不只是傳球，幫助隊友下一步能有突破性的進展，亦係為傳球必須注意的要點事項。

※　須注意的是，現今有人運用旋轉球進行傳球，但旋轉球難度偏高、掌握度低、容易失敗、應用時失敗率也偏高。在不容易控制的情況下，如未經良好的練習，失敗率很高，本書不建議使

用，應該以練好〝捷足式低平地面球腳法〞為優先！

捷足式腳內側低平地面球踢法

運用腳內側進行傳球時，能夠掌握傳球的準確度。而以此方式射門時，其威力足以在 12 米內射進，當然能夠在距離夠近時以此方式射門，此踢法又可稱腳內側低平球踢法。

要點 1：身體須抵達正確的相關位置始能出腳。

正確腳法：

基準腳的腳尖超越球的前緣，且位於球的側邊，距離球 10 ～ 15 公分，腳尖指向目標，出腳時身體重心抵達於球的正上方。

常見錯誤：

1. 基準腳腳尖尚未抵達球的平行線，連球的後緣都未抵達，即已出腳。如此踢球，在踢到球之時，身體重心無法抵達球的正上方，而位於球的後方，造成身體後仰。此種踢法，將使球質的穩定度下降，不容易踢中球心，不僅對力道難以拿捏，且易形成球體不規則的彈跳，或者造成較不受控制的低空飛球。

2. 基準腳腳尖沒有正對目標，而對著斜方，則容易失準。

要點 2：進入捷足式踢法，
　　　　及革除拉弓後再行踢球習慣。

正確觀念：

在有助跑且動能足夠之時，踢球腳不需要後擺拉弓，而是將基準腳採到定位的同時，即視同踢腳球已經拉弓完成。並迅即出腳踢球。

常見錯誤：

1. 基準腳到位後，會不自覺的進行拉弓再踢球，為常見錯誤。此乃初學時較無自信者，會想利用拉弓的動作以進行瞄準，此久積之陋習實為不必要之動作。若能對動作進行微調，可以使出腳更為快速，力量更為集中球質更為準確強勁。

2. 同時踢球者往往忽略重心必須降低，始能容易控球。

3. 一般人要踢地面上之物時，自然不必準備會本能地運用腳的最前面，即「腳尖」去踢。故而，運用腳內側踢球對於初學者係為壓力，要準備內側踢球時，會先轉好腳內側再行踢球。

可以分析初學者踢球動作：首先踢球者欲行拉弓，並把內側準

備妥當，將踢球腳的腳內側轉向目標，然後前踢。本能會用腳尖，故運用腳內側時會先準備，基準腳腳尖先指向前方。為了使用不習慣的內側踢法，初學者在基準腳抵達定位後，會將踢球腳的腳尖撇向外側，以便讓踢球腳的腳內側能夠預先準備迎向球體的正面，再進行踢球。

可以認為踢球者用兩三個動作去完成一個動作，踢久則成習慣，實乃為不必要之動作，此亦為現今足球選手常見且不易發覺之錯誤。以下續分兩小點做分析：

（1）能夠一個動作完成的踢球，卻運用兩三個動作才完成踢球。

（腳尖向外撇、拉弓、再行踢球）此舉，將不自覺地使得整體完成踢球的時間拉長形成出腳較慢、太慢。

（2）踢球時未利用到小腿旋轉的力量，故此踢法之球質往往不佳。

要點 3：踢球腳必須沿著地面，揮擊出球。

正確觀念：

踢球腳必須沿著地面，揮擊出球。當動能足夠的時候，踢球腳就不要向後拉弓，更不要向上提高，而必須沿著地面一直線，迎向目標完成揮踢動作踢球腳沿著地面，有利於踢中整個球心，並且在

Chapter 8
腳內側低平地面球腳法

一直線作用時，準確度最高、力量最大。

常見錯誤：

1. 向後並且向上拉弓，而使踢球腳離開地面。踢球時由空中向地上的球體踢，踢球路線非為直線，而是向下的曲線踢球。故，踢球時往往不容易正中球心，且容易踢到泥土，或者只踢到球的上半部。

要點 4：利用踢球腳小腿瞬間的旋轉，來加強踢球之力道

正確觀念：

出腳的要領，踢球腳瞬間旋轉，運用小腿之旋轉動作，把腳後跟轉至最前俾能於踢觸球體時，讓整個腳內側的正面完全正對目標，並能完全踢中球心，亦即完整的以腳內側的正面來踢球，並且踢觸球體後，須持續讓整個腳內側正面繼續往目標運送，而不要停止或歪掉。

捷足式腳內側低平地面球腳法，建議練習方式

　　為了使低平地面球踢法在實戰中發揮盡致，必須在一般足球踢法的練習上更加嚴密的增加空踢練習。

　　練習方式與前述提及的練習法相同。在牆壁上畫上類似狗洞的範圍框，並給予每個人一顆球，面對牆壁上之目標進行練習。練習距離自 5 米開始，左右腳輪番踢擊。

　　為了微調動作，將進行更精密的練習。應當在實際踢球前，進行空踢的練習。首先，先不要踢球，練習單一揮踢動作。在基準腳到位後，進行無球的揮空踢，並朝向目標練習。在動作精確後，再進行有球練習。

　　以下敘述空踢練習、有球練習與此練法之益處。

空踢練習：

1. 基準腳到定位，腳尖向著目標。

2. 踢球腳沿著地面向目標一直線揮踢，自行省視踢完後的腳內側正面，持續向目標前進，速度越快越好。原本踢球腳之腳後跟在後，但揮踢時腳後跟迅速的旋轉向前，如此的空揮踢法，能

夠熟悉踢擊時小腿如何加速旋轉。同時，也不能忘記兩腳需要輪番練習，直到感覺順暢滿意，再開始進行練習踢球。

※ 藉由揮空腳的練習，能夠體會出一般腳法與捷足式腳法的差異。

有球練習：

1. 由短距離 5 米開始練習，踢向設定的目標（狗洞練習框）。

2. 每球皆須擊中狗洞，並且左右腳輪番出腳，不可停球再踢。左腳踢一個右腳再踢一個，持續不斷的練習。球自牆壁回彈後立馬直接踢，不間斷由此來控制每一球的準確度與力道。（故，踢球時必須控制踢球的力道當踢重或輕時，皆無法連續踢球。）

3. 熟練之後，可以自行斟酌拉長距離。而控制力道且不停球的練習，當可拉長至 15 米左右，練習方法皆同上。

空踢練習：

1. 重心降低基準腳到位，腳尖朝向目標；身體重心持續前進；踢球腳紋風不動；腳內側不需要預行轉動；更不需要向後、向上拉弓；就這樣順利又自然的形成拉弓。（踢球腳維持在地面上）

2. 踢球腳沿著地面一直線旋踢而出，運用小腿之旋轉把腳後跟旋轉至最前面，使能於踢觸球體時，讓整個腳內側的正面完全正對目標！

3. 踢中球體後，整個腳內側須繼續朝向目標運送，不要停頓或歪掉！

腳內側低平地面球踢法，
假想敵練習方式

在上述以距離為基準的訓練過程中，能夠改善球質、增進體能、強化機動性……等全面性進步。在此之上，更進階則須以假想敵進行練習，成就之後當更能應對球場狀況。

以下續說明練習法。

說明：

使用出自覺最熟練的假動作，用以直接接控球練習。久之，乃熟能生巧，並且在接控球之後，練習做出假動作與假動作踢球，並於 2 米內重複全力的踢球。（假想敵在右，則控球至左側後做踢球；假想敵在左，則控球至右側後做踢球，重複循環練習）

如此用力踢球，當球從牆壁回彈時，練習者當以假動作接控球，接控好了再運用假動作踢球方式練習，如此重複，則熟能生巧。

總言之，踢球時要預想假想敵。踢球前，要先用假動作閃開假想敵，並於 2 米內踢球，然後當球從牆壁回彈後，再用假動作接控球而避開假想敵。

成就出心中自有假想敵，而能運用熟練之假動作進行練習。

4.20 米以上則可以助跑兩步，並且全力踢球。由於球勢強勁，故不要求連續且不間斷的踢球。

但仍須注重每一球皆能擊中目標。自牆壁彈回來的球，須緊接著練習接控球，接控後再繼續踢球，同樣謹記左右腳輪番練習。

練習優點：

1. 沒有停球的練習，無論左腳或右腳皆能實行良好的踢球。

2. 處於不停球連續踢球的狀態下，在短時間內可以達到最高的練球數量，當然進步快速。

3. 為了連續踢球，身體必須保持在 100％的機動狀態下進行練習。等同於在練習踢球的同時，也進行了機動性以及踢球體能的全面進步。

Chapter 9
全速控推

精準的「全速控推」將會使得對手手足失措、疲於奔命，如能妥善運用，將會成為發動進攻的一把尖刀！

勤練本章技巧，可使你一窺球王「梅西」每於進球得分之前，令對手防不勝防的精實銳利之所在！

觀世足有感：
台灣應發展實用實效技巧

其實「全速控推」在所有的足球賽當中佔有相當重要的技術地位：所有的天王巨星，出類拔萃的足球好手，必備的基本技術！

世界各足球強國的訓練課程，以及各類各樣的訓練教材，均未能找到「全速控推」這個訓練項目；也難怪大部分的球員都不熟悉此項技術，以至於大多數球員在比賽中，停球都停得不錯，慢速的控推也不錯；到了緊要關頭，須全速進行的時候，很容易出差錯，形成了該加速時不敢加速，一加速容易失控、

出錯，攻勢被迫原地踏步，未能有積極的進展！

　　我國足球長期積弱不振，實力與日本、南韓、中國大陸等亞洲列強有不小的差距，如果和歐洲、南美洲相比則更是不忍卒睹！聘請來日籍教練，則是跟在人家後面追而已，不但追不上，更有可能越追越遠。去年請來了英國教練團隊，所幸這個年輕團隊短期內有效的改正了我國家代表隊一向毛躁、錯漏百出的毛病，成績漸有起色！但是長期訓練的進步空間在哪裡呢？實令人無法太過樂觀！

　　因為「足球祖國」英格蘭的足球技術實在令人不敢恭維，更何況他們的傳統「長傳急攻」、「兩翼吊中，前鋒亂衝」戰術、技術，均不見得符合國人之所需！以日本國為例：長期引進德國教練及球員大量交流，足球景氣一片欣欣向榮，但其技術層面與國際賽成績卻早已走入瓶頸，南韓亦然，大陸更糟糕！

　　球隊的訓練皆在追求進步，在此之前，得先找到最大的「進步空間」，施以正確而精密的訓練，乃能獲得最大的訓練成果。

　　以國人的平均身材而言，應全力發展實用、實效、講究技巧，注重瞬間爆發力，加強足球專用的特殊技能；各種精密的踢球腳法、盤球、接觸球射門以及全速控推」等等以腳底功夫為主的密集訓練，以全新的精密技術，球員個個具備「天王巨星」一般的一流身手，

到時候我國足球代表隊要想超日趕韓，力克歐美強隊，大有希望！

　　六月二十七日台北時間凌晨兩點，奈及利亞對阿根廷，此役阿根廷已是背水一戰，面臨退無可退的難堪境地！為了國家榮譽，舉世欽敬的「足球獅王」梅西，甫開賽就卯足全勁，親冒矢石左衝右突；其腳法依然刁鑽犀利，怎奈對手犯規戰術，絆馬索、殺傷戰術樣樣都來，攻勢每每受阻，一時之間似乎難有斬獲！

　　約莫進行了十多分鐘，突然間「進球了」，觀眾們大聲的嘶喊著，阿根廷的球員們急速的衝上前來慶賀；梅西衝到邊線，向著觀眾席，高舉雙手、跪地長嘯！多日來的諸多怨氣，一吐而快！此時有某位電視主播，很興奮的、急促的讚嘆著：梅西這一球太漂亮了！射得太漂亮了！「停球」停得太漂亮了！

　　本文如此的大費周章，所要探討的精緻球技就在於「停球」二字，試問「梅西有停球嗎？」他有把球停住嗎？完全沒有！

　　他在前場約二十多碼稍偏右處接觸到由後方傳來的高吊球，此時他全速往前衝刺，瀕臨越位而正好沒有越位，防守者緊追在身邊，僅差半步之遙；在這樣的狀況下，根本沒有時間停球，即便是略有停頓，或是稍微控球不順，立刻就會被該位防守者追上，而致先機盡失！

　　這1球，梅西整個過程流暢又迅速：全速衝刺→左大腿全速控

推→全速前進→右腳內側全速控推→全速前進→起右腳內側斜射入網！這全部過程完美無瑕一氣呵成，令追逐防守者望塵莫及，連守門員也是反應不及！

（作者曾任台南市足球隊教練、外號射門小霸王）

Chapter 9
全速控推

使用時機：

在比賽中當你即將得球之際，若對手尚未前來補位，應立即向下一步進攻的方向（或最有利的進攻方向）全速控推！以展開進一步攻勢！

成功的全速控推；控推出去後能夠順利迅速的維持完整的控球權，並能保持著衝刺中的動能，延續發展更進一步的攻勢。

由於前進速度迅速，逼使對手必須緊急追逐再度補位，重新部署佈防；而我方助攻隊友趁機補上新的助功位置，動態變化之中較能得到機會！也能將攻擊迅速推進逼進射門範圍。

失敗的控推試述如下：

第一種：

前進速度太慢，被原看守對手輕易追上，攻勢被迫原地踏步，未能有積極進展。

第二種：

控推距離太長，自己雖全力衝刺卻追不到球，被對手輕易搶走！

第三種：

控推歪掉，而致落入對手的搶奪範圍，造成攻勢受阻。

在比賽中欲採取全速控推時，應該以當時身處於球場的不同位置，而產生不同的控推方向優先選擇。

1. 在後場時應以向著較接近的邊線方向全速控推，使己方迅速而穩當的脫離被對手圍攻的險境！

2. 在中場時只需向著較大的空檔區域，迅速又穩當的控推使得該次攻勢得以順利的取得正面的發展即可！

3. 在前場時應以向著射門範圍的方向全速控推，以爭取最大的進攻效益為優先考量！

4. 在前場即將進入（已經接近但尚未進入）射門範圍時，應當機立斷全速控推進入射門範圍並迅即起腳完成有效射門！

5. 已經進入射門範圍時就不要再控推，不需要再前進，而應該立
即採取「盤射合一」實施有效射門！

1. 基準腳整個超越球的前緣，重心降低。

2. 控推腳的內側對準前進方向，並以整個腳內側平面去接觸球體。

3

3. 控推腳對準前進方向，準確的沿著地面推出球體。

4

4. 將這推出球體的動作化作起跑的第一步，身體的動能瞬間全部發動，
　　衝奔而出！

5. 在事先計算的定點追控到球,並且以整個腳內側越過球體,將球倒扣停住!

全速控推的標準動作:

1. 基準腳整個超越球的前緣,重心降低,控推腳的內側對準前進方向,並以整個腳內側平面去接觸球體。

2. 控推腳對準前進方向準確的沿著地面推出球體,並且將這推出球體的動作化作起跑的第一步,身體全部的動能瞬間全部發動,衝奔而出!

3. 必須在事先計算的定點追控到球!並能夠即時在該定點進行盤

球、踢球或即停！

第一： 人球一體同時發動，而不是出球後才開始起跑！重心先降低
是很重要的，這樣才能夠順利的發揮應有的速度；也才不會
讓球離開身體太遠！

第二： 定點追控的練習應包含各種長短不同的距離，2米、3米、4
米、5米……等。

第三： 剛開始先以定點急停為練習重點，急停時不可使用腳底踩球
的方式而須以整個腳內側越過球體將球倒扣停住，並迅速發
動下一個全速控推！

1. 基準腳整個超越球的前緣，重心降低。

2

2. 將這推出球體的動作化作起跑的第一步,身體的動能瞬間全部發動,
  衝奔而出!

3

3. 在事先計算的定點追控到球,並且以整個腳內側越過球體將球倒
  扣停住!

補充說明：

1. 在實戰中，以腳踩住球體的即停方式，往往比較容易被對手施加破壞，因為身體的位置並未確實的進入保護球體的較有利方位，也就是說護球較不周全，不夠徹底！

2. 能夠在急速控推到達定點時，以整個腳內側越過球體將球倒扣停住，就表示整個身體重心已經完全到達護球的有利位置，並且足以完全的保有控球權！

建議初學者的練習方法：各種長短不一的前進距離，急推急衝→定點疾停→急停急推→……急推急衝……如此的左右兩腳連番，不間斷的連續急速控推練習；練習各種長短不一的前進距離，包括、2米、3米、4米、5米，事先分別以標筒標示約10個標筒就夠了，

例如：以11個標筒做距離2米的標示時總長度正好20米，分成10段每段2米，練習時，每一趟正好不間斷的連續運作；右腳發動5次，左腳發動5次來回各發動10次。

同樣的，以3米做為練習距離的話，總長正好為30米。

同樣的，以4米做為練習距離的話，總長正好為40米。

同樣的，以5米做為練習距離的話，總長正好為50米。

升級版的練習方法：距離的長短與標筒擺設與初學者完全一

樣，不同的是把原先定點急停，改為盤球，盤過每一個標筒且不可以碰到標筒。

　　例如：從標筒右邊出發時：朝向下一個標筒右方約半米處全速控推→迅速追上球體，並且向標筒的左方盤球，盤過標筒→朝向下一個標筒左方半米處全速控推→迅速追上球體，並且向標筒的右方盤球，盤過標筒→……→……→

　　如此的連續前進左右輪番不間斷的全速控推加上盤球練習，對於技術上、困難度提升，以及特殊盤球、衝刺應變等等各種足球專用特殊體能，與特殊方向爆發力的磨練茁壯，將會產生巨大的效果！

補充說明：

1. 訓練份量請斟酌體能狀況與實際需要自行調整。

2. 盤球招式包含捷足式盤球三快招，以及假動作盤球三妙招，如已經練有成效者，均可加以應用，進一步練習！

3. 每一次盤球盤過標筒的角度，仍須注意要保持在前進 15° 以及後退 15° 之間，符合平時盤球練習所要求的優良角度範圍之內，標準的盤球規範不要亂掉！

4. 練習當中，每一個單趟為一個單元，每個單元中皆不可中途停

頓，或藉故減速、偷懶；如遇有盤球失誤或略有失控時應全速
以急停方式全速的調整回到正軌！如此嚴密的要求自己才能夠
體會到其中的轉折、變化、磨練出真正屬於自己擁有的高超技
術！

1. 以標筒為假想敵，盤過標筒。

2. 盤過標筒時，仍須注意要保持在
前進 15° 以及後退 15° 之間，
符合平時盤球練習所要求的優良
角度範圍之內！不要亂掉！

完整的「全速控推」

不光是兩隻腳能夠做精密的「全速控推」身體的各個部位（雙手除外），也都必須能夠做出精密的「全速控推」才行！！

身體的各個部位可分為：1. 頭部；2. 胸部；3. 腹部；4. 左右大腿；5. 左、右兩腳。

在符合全速控推的使用時機之際，視球體彈跳，或飛行高度於第一時間，以身體符合該高度之部位. 迅即進行「全速控推」，這樣才能爭取到最高的時效，得到最優良的效果！！

常見的錯誤如下：

第一種：

球體高度符合頭部，但一時間尚未有隊友能夠接應該頭頂球，胡亂一頭頂出，必為對手截獲，後果不妙！

第二種：

　　球體高度符合頭部或胸部、腹部、大腿；並不符合腳部卻未能即時處理，憑空的等候球體落下地面時，想使用腳部處理，變成時間拖長、拖慢，喪失原有的優勢，容易為對手所乘！！

練習方法：

（兩人一組練習法）（以 10 ～ 15 米距離為一趟）

1.　一人以手持球立於 2 米之側，另一人由出發處快速起跑衝出，持球者以小拋球，拋向衝刺者身前各部位，由衝刺者練習第一時間，全速的以合適之身體部位控推該球，並須於衝刺中途追趕上球體，並且迅即盤過一個假想敵，再全速衝刺至事先預設的終點，並且在正確的地點採取緊急煞車！！

2.　衝刺者帶球緩步跑回原點，二人角色互換，繼續練習。

3.　身體各部位均須練習：每次至少各練 5 趟，即：頭部 5 趟、胸部 5 趟、腹部 5 趟、左大腿 5 趟、右大腿 5 趟、左腳 5 趟、右腳 5 趟，共計 35 趟。

　　如此認真的反覆練習，由於使用的身體部位經常交換，比較不會枯燥無味，在不知不覺當中，體能與技術必定能大大進步！

國家圖書館出版品預行編目 (CIP) 資料

足球功夫秘笈 / 蘇明池著 .
-- 第一版 . -- 臺北市：樂果文化出版：紅螞蟻圖書發
行 , 2019.06
面；　公分 . -- (樂生活 ; 46)
ISBN 978-957-9036-08-5(平裝)

1. 足球

528.951　　　　　　　　　　　　　　108006717

樂生活 46

足球功夫秘笈

作　　　　者 ／ 蘇明池
總　編　輯 ／ 何南輝
行 銷 企 劃 ／ 黃文秀
封 面 設 計 ／ 引子設計
內 頁 設 計 ／ 沙海潛行

出　　　　版 ／ 樂果文化事業有限公司
讀者服務專線 ／ （02）2795-3656
劃 撥 帳 號 ／ 50118837 號 樂果文化事業有限公司
印　刷　廠 ／ 卡樂彩色製版印刷有限公司
總　經　銷 ／ 紅螞蟻圖書有限公司
地　　　　址 ／ 台北市內湖區舊宗路二段 121 巷 19 號 (紅螞蟻資訊大樓)
電　　　　話 ／ （02）2795-3656
傳　　　　真 ／ （02）2795-4100

2019 年 6 月初版 定價／ 300 元 ISBN 978-957-9036-08-5